高新技术领域的项目管理

Program Management in Defense and High Tech Environments

〔美〕Charles Christopher McCarthy 著

郝照平 范建芳 曲 晶 等 译

科 学 出 版 社

北 京

图字:01-2016-7489 号

内 容 简 介

本书通过理论与案例结合的方式,总结了针对高新技术领域的项目管理经验。作者从项目经理的自身素质、项目类型及合同分类等方面入手,全面介绍了从项目申请到项目规划、再到项目运行的全寿命周期的管理方法,深入分析了项目管理中涉及的领导模式、沟通交流、谈判、索赔、培养及项目接管等问题。

本书适合高新技术领域的一线项目管理者以及所有对项目管理感兴趣的人员阅读参考。

图书在版编目(CIP)数据

高新技术领域的项目管理/(美)查尔斯·克里斯托弗·麦卡锡著;郝照平等译. —北京:科学出版社,2017.6

书名原文:Program Management in Defense and High Tech Environments

ISBN 978-7-03-053041-7

Ⅰ.①高… Ⅱ.①查…②郝… Ⅲ.①高技术企业-项目管理 Ⅳ.①F276.44

中国版本图书馆 CIP 数据核字(2017)第 117864 号

责任编辑:张海娜 姚庆爽 / 责任校对:桂伟利
责任印制:张 伟 / 封面设计:蓝正设计

科学出版社 出版
北京东黄城根北街 16 号
邮政编码:100717
http://www.sciencep.com
北京教图印刷有限公司 印刷
科学出版社发行 各地新华书店经销
*
2017 年 6 月第 一 版 开本:720×1000 B5
2017 年 6 月第一次印刷 印张:12 1/4
字数:240 000

定价:80.00 元

(如有印装质量问题,我社负责调换)

致　谢

本书的出版要感谢我的父母、妻子和孩子，是你们教会我如何尊重、关心和善待别人，这些品质我认为是领导力的核心体现。同时还要感谢我富有才华和专业精神的同僚们，是你们丰富了我的职业生涯。

Charles Christopher McCarthy

作 者 简 介

Charles Christopher McCarthy(查尔斯·克里斯托弗·麦卡锡)毕业于纽约曼哈顿大学电气工程专业,获得学士学位。之后,他加入大型电气公司,第一份工作是系统/数字设计工程师,然后开发核测量和控制系统,成为其一生主要从事的行业。

查尔斯非常热爱电子和二极管,更喜欢与他人一起工作,这样的特点使其逐步进入技术和项目管理角色。他认为技术和商业的成功来自于工作本身和项目成员的成功。因此,逐步形成了其自己的领导理念——服务型领导。优秀的领导者将其团队放在首位,为团队创造一个受尊重、感激的环境,帮助他们在其工作和事业上取得成功。查尔斯希望自己是这种领导者。

查尔斯既关注技术和分析领域又对人际交往感兴趣,这些特质结合在一起,使其在项目管理工作中游刃有余。随着经验不断丰富、技术水平不断提高,他获得了霍普斯金大学的电气工程硕士学位,成功完成大批项目的管理,规模从 1~2 人的小团队到涉及 50 个工程师和操作人员的大型硬件和软件团队。他相信进取的人如果在充满合作和信任的环境里工作,会发挥巨大的能量。他认为自己的责任就是为员工创造这样的环境。

查尔斯拥有一个非常幸福的家庭:妻子芭芭拉、4 个可爱又淘气的子女以及 6 个孙子孙女。

译 者 序

现代高新技术是人类文明演进的成果，而这些技术的应用也在塑造着人类和社会。当今，高新技术的应用正改变着每一个人的生活，重塑着每一个人的人格。应用什么样的技术、怎样驾驭技术，不仅决定一个国家、一个民族处于何种发展水平，更预示着这个国家和民族的未来与前途。

高新技术项目是创生和运用高新技术的过程，也是管理和驾驭高新技术的过程。实施对高新技术项目的管理，需要同样高水平的管理手段。从某种意义上讲，项目管理也是一种技术，是驾驭技术的技术。高新技术项目以其复杂、多样和多变的特性，对从事项目管理的人员提出了极高的要求。项目管理者必须学习、运用先进的项目管理方法，完成对其自身的塑造；使先进的管理方法内化为自身的能力，升华为成功的艺术。

实践证明，高水平的项目管理能够将管理工作与领导艺术融为一体，给项目团队带来信心、动力与行动方向，给项目的利益相关者带来超过预期的收益，同时也能为管理者的职业生涯留下一连串光辉的印记。对高新技术项目的初、中级管理人员和高级研发人员来说，全面、简明、新颖且兼具针对性和可操作性的项目管理参考教材，能够为其职业生涯提供不少的帮助。针对高新技术项目管理，国内学者已有不少著述，但对国外学者最新成果及经验的引进和总结还显不足，尤其是针对一线管理人员实用型教材的引进工作还有待加强。

《高新技术领域的项目管理》是美国项目管理专家查尔斯·克里斯托弗·麦卡锡先生最新出版的一部专著，也是一部生动、实用的项目管理教材。作者曾就读于约翰·霍普金斯大学，就职于美国某大型电气企业，该企业是美国国防部的重要承包商之一。作为系统工程师和项目经理，他长期从事各类控制系统软硬件的项目管理，积累了丰富的高新技术项目管理经验。本书是他多年工作经验的总结，在书中他提出了一系列新的观点、认识和方法，对启发项目管理者的思维、促进项目成功具有很高的参考价值。

本书开篇向读者介绍美国高新技术项目中管理者的角色、资质、经验、能力和技巧，以及项目类型、合同类型、部门协调等方面的问题。随后向读者展开了一幅覆盖高新技术项目全寿命周期管理工作的全景画卷，在分析组织文化、客户特征以及项目能力的基础上，对机遇识别、立项申请、项目规划、启动实施等一系列项目管理方法进行全面的介绍。同时，还对高新技术项目管理中涉及的领导模式、沟通交流、谈判、索赔及培训等问题进行了深入分析。书中通过真实的案例将项目经理可能遇到的困难和瓶颈呈现给读者，在剖析项目的同时，给出了一系列有效的解决方案。本书多数章节之后附有启发性的讨论和习题，读者可以借助这些内容进行更为深入的思考，并从中获得启迪。

参与此书翻译的有龙雪丹、齐艳丽、韩洪涛、刘畅、陈允宗、张绿云、任奇野、解晓芳、王璐、王友利、付丽、康开华等，大家都为译本早日付梓倾注了心力，在此对他们表示由衷感谢。限于译者水平，译本或存可商榷之处，望读者不吝指正。

译　者

2017 年 3 月

序　言

人们为什么要进行项目管理？通常会是这样的答案：项目经理可以从项目管理(从计划到成功)中获得成就感。

对于这种观点，我有很多话想说，而且我相信还有另外一种答案：由于具备进行项目管理的才能而被项目管理本身所吸引。就像缺乏协调能力的人不会去打高尔夫一样，缺乏必要分析和领导才能的人自然会远离项目管理。

当人们能够在充满挑战的领域或能使他们获得成功的领域工作时，他内心会充满成就感。成功的项目经理擅长依据项目需求制定合适的项目计划，并能将其付诸实践，但他们更多的满足感则来自于复杂问题的顺利解决。这一问题解决过程需要较强的分析能力和人际交往能力，不当的分析和个人能力的不足会打乱原有计划。

项目经理所具备的个人能力是其成功运作项目的前提。除此之外，优秀的项目经理通常可以从自己的错误和他人的错误中总结经验，并希望自己在带领项目取得成功的某些方面做得越来越出色：避免陷阱、激励同事更热爱自己的工作和职业；使客户高兴而不仅仅是满意；最终使他们的计划获得成功。

本书旨在帮助处于职业生涯早期和中期的项目经理明白如何做才能获得事业成功。同时，本书也可以为资深项目经理提供来自其他项目经理的成功经验和失败教训。(当然，从其他人的错误而不是自己的错误中吸取教训会让人更开心。)

鉴于介绍项目管理的纯理论过于枯燥且乏味，因此，为了使本书变得更加有趣，作者尝试使用一些案例来对理论进行解释。我相信项目经理了解他(她)团队内人员之间的关系、员工与客户的关系，了解项目的需求并知晓项目经理是项目成功的关键因素，因此，案例选取了与项目相关的人员。

本书以项目全寿命周期的时间顺序编写的，同时还介绍了领导力、合同类型、索赔与避免索赔、挣值管理、沟通交流等概念。此外，本书还探索了项目管理的隐患，希望避免以下表达方式的使用：

为什么没有通知我？

我们马上要错过那个时间了。

是时候解雇这个工程师了。

客户星期二过来，但模型用不了了。

怎么会发生那种事儿？

客户说什么？

你说玛丽和约翰不能一起工作是什么意思?

我们怎么可能会没钱了?

我怎么知道我应该那样做?

优秀的项目经理会尽量采取行动避免使项目处于被动局面,然而即使是最优秀的项目经理也无法避免问题的出现,但他们可以寻找方法来降低问题所带来的负面影响,并使项目重新回归正途。

就像工程师们解决技术问题一样,项目经理也要解决各种各样的问题:如技术、合同、人际关系、管理问题等。项目经理每天都会面临挑战,需要创造性、热情和洞察力。最优秀的项目经理同时也是伟大的领导者:他们能够帮助他人成功,因为项目的成功也是团队成员个人的成功。

我很荣幸自己效力于一个伟大的公司,为满足客户需求而努力工作,并与一群有才华、友善的人共事。我希望读者可以借助本书来获得相同的自我成就感,像领导者一样,帮助同事使他们在个人的职业生涯中获得佳绩。

Charles Christopher McCarthy

缩　略　语

AC	actual cost	实际成本
ACWP	actual cost of work performed	已完成工作的实际费用
AW	actual work	实际工作
BAC	budget at completion	完工预算
BCWP	budgeted cost of work performed	已完成工作预算成本
BCWS	budgeted cost of work scheduled	计划工作的预算成本
BW	budgeted work	预算工作
CA	contracts administrator	合同管理专员
CEO	chief executive officer	首席执行官
CFE	customer-furnished equipment	客户提供设备
CFI	customer-furnished information	客户提供信息
CPAF	Cost Plus Award Fee	成本加奖励费用
CPFF	Cost Plus Fixed Fee	成本加固定费用
CPI	cost performance index	费用绩效指数
CPIF	Cost Plus Incentive Fee	成本加激励费用
CST	continuous self-test	连续自测
CV	cost variance	成本偏差
DMS	diminished manufacturing sources	生产资源退化
DoD	Department of Defense	国防部
EAC	estimate at completion	完工估算
EE	electrical engineer	电气工程师
EMI	electromagnetic interference	电磁干扰
EV	earned value	挣值
EVM	earned value management	挣值管理
FA	financial analyst	财务分析师
FAR	Federal Acquisition Regulation	联邦采购条例
FFP	Firm Fixed Price	严格固定价格
FM	functional manager	职能经理
FP	Fixed Price	固定价格
G&A	general and administrative	综合行政管理

GFE	government-furnished equipment	政府提供设备
I/O	input/output	输入/输出
IP	intellectual property	知识产权
IRAD	internal research and development	内部研发
ME	mechanical engineer (for manufacturing engineer)	机械工程师 (生产工程师)
MR	management reserve	管理储备
OPM	operations project manager	运营部项目管理
PM	project manager	项目经理
PO	purchase order	采购订单
PTW	price to win	制胜价格
PV	planned value	计划值
R&D	research and development	研发
RFEA	request for equitable adjustment	公平调整请求
RFI	request for information	信息征询
RFP	request for proposal	招标需求
RFQ	request for quotation	询价请求
SE	systems engineer	系统工程师
SPI	schedule performance index	进度绩效指数
SV	schedule variance	进度偏差
SWE	software engineer	软件工程师
T&M	time and material	工时与材料
TCPI	to complete performance index	完成绩效指数
WBS	work breakdown structure	工作分解结构

目　　录

第1章 高新技术领域的项目管理

“麦卡锡!”

“是的,老板。”

“我已经决定要调整公司的内部组织机构,你的岗位会发生变化。”

“啊?”

我就是这样进入项目管理的。显然,我接到通知时已经被安排到了一个管理岗位。这并不在我的预期之内。实际上,我正在期待某些事情的发生,如:“查尔斯,我们一直关注你,认为你有能力成为一名优秀的管理者。你来承担一些管理工作,如何?”是的,我的预期和这个完全不符,但是进入管理角色确实是职业生涯中较为重要的一环,有许多外界力量会影响到你职业生涯的发展方向。

如果你已经拿起这本书,就说明你已经在考虑将项目管理作为你的职业,或者和我一样已经被选中参与项目管理,或是对拓宽你的项目管理技巧感兴趣。本书完全囊括了以上这些可能性,希望你可以从本书的内容中受益。

项目管理既是一门艺术也是一门科学(或工程),或可能是管理技巧(预算分析、工作监督、计划等)与领导特质(眼光、动机、职业发展等)的结合(参见图1.1)。优秀的项目经理能将管理和领导很好地结合,使项目顺利进行,同时获得团队更多的信任。

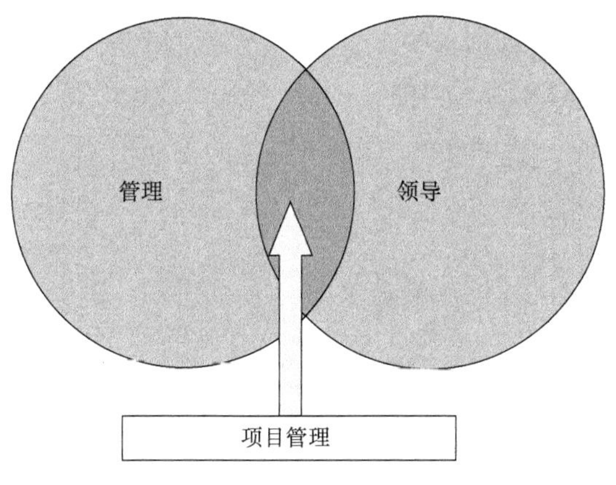

图1.1 项目管理维恩图

项目管理工作具有挑战性,并且有压力,那么人们为什么还会选择项目管理作为自己的职业呢? 这是一个很好的问题。从计划实施到成功获得的满足感是人们选择项目管理的最普遍的原因。也有人会说:享受项目经理所带来的特权和权利,或满足于工作所带来的挑战。因此,作为一个项目经理,你最好清楚自己从事该职业的动力。

项目经理一般喜欢挑战,如与客户、工程师、操作人员等项目相关人员解决合作中可能遇到的问题。如果你觉得这种挑战比较有趣,说明你已经有一个很好的开始。此外,项目经理还喜欢解决各种问题,如技术、情感、资金问题以及人际关系。优秀的项目经理是快乐的,能在解决问题中获得满足感。如果你具备以上这些特质,那么或许项目管理非常适合你。

项目经理的工作准则是在预算要求内按时、高质量完成工作。他们的工作相当复杂,需要充分发挥左、右脑的优势。分析能力更强的左脑必须与更擅长创造性和社会关系的右脑一起工作。需要用左脑进行项目进度和成本的分析,右脑则带领团队迈向成功。

许多领导者或经理似乎并没有完全使用他们的左、右脑。左脑管理者会花大部分时间坐在自己的办公桌前,读报告、控制经费、做准备、不与人接触,似乎与该项目毫无关系。而右脑管理者不会明白成本和计划对于团队的重要意义,并可能导致项目最终失败,或出现团队混乱的局面。

左、右脑的结合使用对于项目管理者至关重要,项目团队必须依靠项目经理的管理和领导能力来确保团队的成功。项目管理是一项非常重要的工作,在许多情况下,项目参与者会在项目上花费大量的时间,甚至赌上自己的职业生涯。一般来说,大型设计项目能持续 5～10 年,占到个人职业生涯的 1/4。因此,对于项目管理者而言,责任异常重大。

我的管理经验(不对称项目管理,见图 1.2)来自在大型技术公司的工作,这类公司大多都是国防部(DoD)承包商。

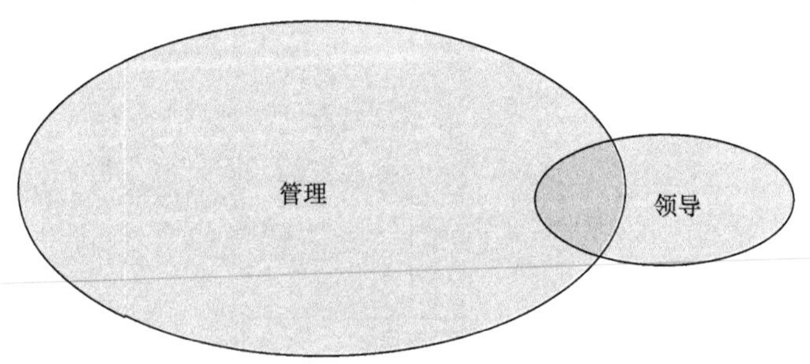

图 1.2　不对称项目管理维恩图

对于大型技术公司来说,项目经理从工程技术岗位中提拔已是司空见惯。工程师将接受一定的培训，使其具备一定的分析能力，满足项目经理岗位的能力要求。但如果你更喜欢独自坐在办公室，审阅各类报告，而不是与你的同事们交谈的话，你的领导能力或许是缺失的。我认为如果想成为一名优秀的项目经理，那么你必须喜欢与同事们共同工作。许多项目经理拥有许多“科学”知识，但是缺乏“艺术性”。

1.1　项目经理的角色

通常，项目经理也是投标（报价）经理（详见第5章的投标过程和管理）。如果可能的话，尽量让项目经理带领投标团队，这也是给项目提供一个很好的开始。作为投标经理，他（她）已经充分了解项目需求（有时甚至帮助提出需求），从顶层上对项目进行规划，并重点开展项目报价工作，制定项目进度安排，最终带领团队为客户呈现一个很好的标书。

项目经理的主要工作是在预算内按时、高质量地完成项目任务，满足合同约定，实现客户需求。这体现了项目管理“是什么”的概念，“如何实现”项目管理才是难点所在，本书将对其进行详细的介绍。在项目管理中，项目经理必须充当以下所有角色：

(1) 计划者——根据项目的规模，项目经理或许会指定专人制定、管理并跟踪详细的项目计划。但即使这样，项目经理最终还需了解项目计划的合理性，以及项目人员是否了解并接受该计划。

(2) 进度监督者——一旦项目成员了解并开始执行项目计划，项目经理需要确保成员的积极性并及时发现问题，尽早采取补救措施以解决问题。合理的计划应该包括一些弹性事件，这样可确保工作朝目标迈进。如果可以，尽量避免长期任务，因为它的完成率仅有 $X\%$。(提示：软件项目的完成率通常是90%！)

(3) 协调者——需要特别留意在职能部门（系统工程部、设计工程部等）间流转的产品。流转的产品质量必须达标，以确保产品链内下一个阶段的工作能有效完成。此外，产品必须准时送达，如果不能按时送达，采取的补救措施将产生额外的成本。

(4) 客户接口——项目经理通常是他（她）的公司和项目部门面对客户的窗口。在合同部门执行官方文件时，客户需要依靠项目经理来了解项目进度和执行情况。项目经理的项目运作能力直接影响客户对项目结果的满意度。由于项目经理和客户的目标一致，他（她）或许可以同客户成为同盟。

(5) 管理接口——项目经理通常要向上级管理部门汇报项目情况。他（她）需要对一些超出其控制范围的事件进行评估。当他（她）遇到困难时，上级经理能够帮助他（她）解决这些困难。此外，某些情况下可能还要通过撰写一些不必要的报告或参加一些无聊的会议来帮助解决问题。如果项目经理不喜欢获得这种类型的

"帮助",抑或者有些项目经理过于自负的话,会使一些小问题变成大问题。每一份职业都具备多个管理层级,延迟汇报项目中遇到的问题将会对项目产生不良影响。因此建议:千万不要让问题升级。

(6) 成本控制——与进度控制相辅相成的便是成本控制。有这样一种说法,如果项目的进度是可控的话,那么成本有时也是可控的。你可以通过增加人手来确保项目进度,但是这或许需要更多的费用来提供保障。

(7) 业务增长——在许多机构内部,项目经理被认为是业务增长的源头。项目经理需要时刻留意客户需求的变化(产品增加新的特征或进度更富挑战性),并极力说服客户将项目交由你所在的公司来承担。项目经理在项目中的出色表现会使客户对你公司更加信任,并给予你公司更多的项目。一般情况下,项目成员的流失将对项目运作产生严重影响,项目经理就应该在尽其所能促进公司业务增长的同时使团队成员获得不错的收益。

(8) 成员管理者——大部分大型组织机构都使用矩阵管理结构(详见第7章)。在这种结构下,由职能经理(FM)挑选项目成员,包括工程师、标书起草人和技术人员。职能经理的工作是支持你的工作,为你在正确时间选择正确的项目成员。此外,当你的项目不再需要他们时,职能经理还负责为他们寻找新的项目。优秀的职能经理在这一过程中能够提供优质的服务,而办事效率低下的职能经理则相反。如果职能经理给项目配备了不合适的成员,不但会浪费时间,而且会影响团队其他成员的斗志。项目经理应配合职能经理的工作,但在项目成员的选择上必须坚持原则,不能退让。职能经理须将表现欠佳的人员安置在其他不会损害公司利益的岗位,而项目经理的职责则是对其所负责的项目负责。

(9) 战略计划——如何定位项目对于公司发展的意义?如何寻找一些方式在完成本项目的同时使项目的发明成果应用于新的项目,甚至可为公司带来新的效益?

(10) 知识产权(IP)监管——项目经理必须了解合同相关事宜,特别是涉及上述发明的所有权问题。即使客户对工程师的研发(R&D)工作付费,但发明成果可能属于你们公司也可能并不属于你们公司。了解采购订单和合同条款是保护知识产权的关键。

(11) 应变经理——具有较大的责任。如果是长期合同,通常情况下,客户和他(她)的工程师、你和你的工程师彼此都会建立起较好的关系。新的创意想法将会产生,你的工程师希望尽他们可能设计最好的产品,同样客户也希望得到最好的产品,这种想法或许有些偏离合同的需求。表面上来看,这种追求卓越是好事,但是在实际操作中,它可能延误进度,造成成本超支。超出需求的创意想法是好的,如果管理得当,他们会产生意想不到的结果,而客户会愿意为此买单。要当心这些话:"我们可以将这个做得更为精确""我们需要进行额外的测试""这些工作绝大部分不需要增加额外成本”，否则你的天才工程师会让你处于非常危险的境地。

(12) 项目宣传——你的项目需要从管理层、工程师等方面获得支持。那么，宣传你的团队所取得的成绩是获得支持的有效途径之一。你可以通过“成功至上”的项目来吸引最好的员工加入你的项目。这可能就需要进行公开演说，并撰写文章进行宣传。这也是项目经理工作的一部分。

(13) 技术规格书经理——在复杂项目运行中，通常会出现需求不明确或难以描述的情况。你的工作是与客户一起来梳理合同需求，并使双方都获得满意结果。你与客户的关系越好，你就会对项目技术层面的理解越透彻，就能更好地履行你的职责。毫无疑问，你将会需要系统工程师的帮助，确信他们是你的技术伙伴。例如：你不需要与他们社交，但是你们的关系必须是合作关系，他们需要尽力使项目获得成功。

(14) 项目全寿命周期经理——通常情况下，项目从开始到巅峰，然后衰减，就如同工作一点点被完成或转到下个阶段(图 1.3)。项目经理必须根据项目进展，增加或减少团队成员，同时保持项目团队内部正面、积极的工作氛围，保护团队成员的自信，为团队成员(或已离开团队的人员)寻求未来的职业发展。项目经理需要认可并感谢团队的付出，这种感激必须是真挚的情感。不要吝啬对工作努力的员工的溢美之词，这也是项目经理的制胜法宝。但也要注意：对于那些团队中表现欠佳的人员的感谢则一定要小心，否则会使团队成员质疑你的领导力。

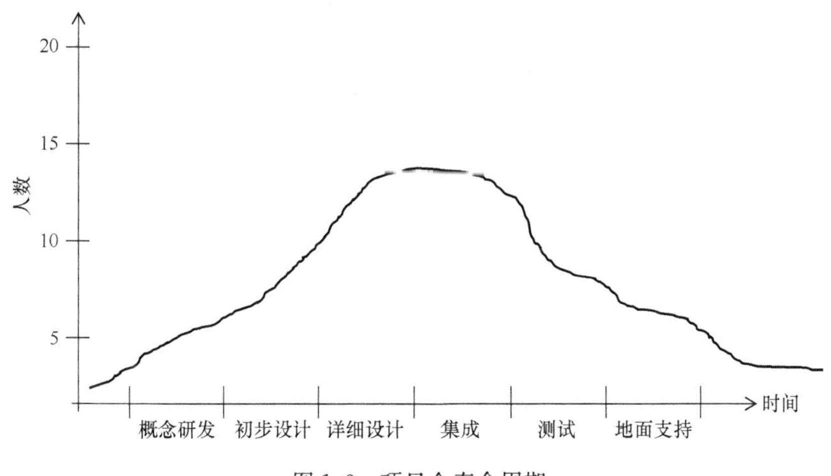

图 1.3　项目全寿命周期

(15) 领导者——这是项目经理最重要的角色。项目经理有责任为团队建立良好的工作氛围：认真努力工作的个人会受到尊敬，成绩优秀的个人会被感激与鼓励。此外，作为领导者，项目经理还要关注团队成员及其个人的事业发展和职业认可。项目经理必须得到工程师的信任，并能与之讨论问题。或许当工程师们给他

(她)提出问题时,项目经理会感觉有些压力,但绝不能表现出不应该给他提出问题的任何暗示。作为领导者,项目经理应该、愿意了解问题,并帮助团队解决问题。同时,也应注意,有时需要邀请外部专家,提供专业意见,但同时也必须要对项目团队内部的人员给予足够的尊重。

1.2 资质、经验、才能和技巧

项目经理如何完成这些角色?是的,项目经理应该喜欢运用一些技巧并不断提高自身的能力。他们要信任同事并熟知他们的能力。他们需要具备足够的自信来认可他们的同事在某些方面或许更胜一筹,遇到这种事情,他们应该愉快地接受,而不应该嫉妒。他们必须是聪明的,具有创造力,能够收集并运用数据和信息。优秀的项目经理必须具备足够的耐心,而当情况发生变化时,也能随机应变。他(她)必须以身作则建立一套工作标准,并不是工作狂的形象,而是建立一种甘于奉献的榜样,有效利用时间,并明白自己的工作职责和需要。他(她)必须是有爱心的,对同事关心,每个伟大的领袖都给予自己团队足够的关心,并将他们放在第一位,即使有时可能会损害自己的利益。这就意味着,最好的领导者们愿意将成功归因于团队,而忽视自己。

太上,不知有之;其次,亲而誉之;其次,畏之;其次,侮之。信不足焉,有不信焉。悠兮其贵言。功成事遂,百姓皆谓:"我自然"。

——中国古代哲学家老子

要想成为优秀的领导,必须获得团队的尊重。过去遗留下来的老旧观点认为,通过威胁可获得尊敬。要小心这种社会学上的错误思想,而且你所在的机构可能就存在这种思想。通过威胁来进行管理并不能造就一个优秀的管理者。

思考一下让你敬重的人都是哪类人,他们身上有哪些特质。很可能你的同事们也欣赏这些特质。

接下来和大家讲一件并不令我觉得骄傲的事,但是这件事确实给我上了一课。"我"是项目经理,"弗雷德"是首席软件工程师,直接向我汇报工作。

我:弗雷德,我希望你的文件中能够加入处理器内核测试覆盖范围限定的相关内容。

弗雷德:但是,查理,我们文件的重点不在那。

我:我同意我们的重点不在那,但是趁着这个机会我们可以把这件事正式提交给我们的客户,并且为我们的测试原理建立基础。

弗雷德:我不这么认为,文件的纯粹性更重要。

我:纯粹性是很重要,但是我们需要限定我们的覆盖范围。

弗雷德:我不同意。

像这样，我们又聊了几分钟，我们的怒气都上来了，尤其是弗雷德说了下面的话之后：

弗雷德：我不同意，我完全不能理解我为什么要在我的文件中加入这些内容。

我：我知道为什么！因为我是项目经理！而我让你加入这些内容！（我站起身，大声吼出这句话。）

弗雷德：好。（弗雷德出去了。）

我想："很好，让他知道谁说了算，我要得到我想要的。"但是在冷静下来之后，我意识到"我就是个蠢蛋"。因此我向弗雷德道歉，但是我依然得到了我想要的。

所以，这件事教会我的是：威胁可能看似有效，并且可能是一种解药。冲别人发脾气并且别人对你的要求言听计从会让你觉得很爽。但是如果你考虑一下人际关系的代价以及该项目工作的主导权，就会意识到这是一种非常错误的方式。在听过我激烈的言辞之后，弗雷德可能会按照我的要求去做，但是他失去了对这项工作的主导权，同时他对我的尊敬也可能减少，这是很讽刺的。如果我们的目标是通过威胁来获得尊敬，而实际的结果是我们失去了别人的尊敬，只是获得了别人假装的表面上的尊敬，这样最终会破坏我们的关系状态，使我们的关系变得虚伪。

图 1.4 和图 1.5 是一些早期的"项目经理"。聪明人（那些你希望在你的项目里出现的人）会喜欢追随哪一个呢？

图 1.4　早期项目经理——老子

1.2.1　资质

进入项目管理的人都会有一项或几项才能带领着他走向成功（我们在"资质、经验、才能和技巧"部分讨论了"才能"和"技巧"的差别）。就像工程师应该喜欢数学和理科，成功的项目经理应该有一些个人特质或是才能引领着他走向成功。优秀的项目经理拥有的个人特质可以分为"硬特质""软特质"和"先决条件"。

图 1.5　更早的项目经理

先决条件：

- 正直
- 值得信任
- 诚实
- 勤奋
- 公正
- 自信
- 智慧
- 有创造力

硬特质：

- 善于分析
- 坚强
- 勇敢
- 有紧迫感
- 严格

软特质：

- 善于欣赏
- 有同情心
- 善于交流
- 考虑周到
- 善于协作
- 无私
- 亲切
- 谦逊
- 有礼
- 有说服力

看起来似乎有一些特质是相互矛盾的，但是实际上不是。例如，大家都在紧锣密鼓地朝着一个目标努力，比如项目的重要里程碑，但是突然有一个重要的项目成员需要赶回家照顾他重病的家属，项目经理就需要利用自己的创造力做到既照顾到成员的个人情况，又能确保工作的顺利完成。成员们就会看到项目经理在注重工作的同时又为他们着想。在工作任务中为员工着想是领导能力的精髓。团队中的工作人员看到项目经理为其他人考虑时，他们很容易就会联想到自己，“如果我遇到麻烦的话，我也会得到帮助和照顾；如果我能力强的话，我也会获得成功。”我们可以很清楚地看到项目经理这样做会获得整个团队的尊重。

1.2.2　经验

大多数项目经理都是通过一连串的升职才坐到现在的位置的，从技术任务到和一两个后辈一起负责分项目，再到单独负责一个分项目的设计，或者，再到一个项目的技术负责人。一些公司会主动将员工限定在某一专项领域中（如工程、生产、试验、合同等），希望这样能使他们成为好的项目经理。但是，轮岗制实际上也有自己的作用，运用我们在“资质”那一部分中提到的“协作”这种软特质，可以使人成为优秀的项目经理。如果项目经理能够理解与其合作的相关部门的需求，并为团队成员的个人成功考虑，那么项目经理与合作部门及成员之间的关系就会比较融洽，有助于直接沟通。例如：如果项目经理知道模糊的图纸会给生产经理增加麻烦，他就会让画出模糊图纸的工程师来考虑这件事；如果工程师考虑到项目经理的压力，他们就会解决图纸的模糊问题。很简单，不是吗？因此，沟通和为他人着想能够代替多年的经验。这是多么好的事情啊！人们不需要等到头发都白了才成为项目经理。（尽管老子在他80岁的时候才将他的哲学思想著书立说，但是我们可以确定他在早期就已经确立了他的哲学思想。）

1.2.3　才能

区分才能和技巧是非常有必要的。才能是天生的，就算不是天生，也是早期形成的。一个人可以是一个天生的运动员，如果你是，你可以培养自己在很多运动项目上的技巧。但是如果你天生肢体不协调，你就无须蠢到去花费大把的时间练习棒球。如果你擅长数学，你可以选择需要这项才能才可能成功的领域。但是如果你不擅长，你需要选择一条不需要这项才能的道路。如果你天生不擅长数学，那么你即使可以努力学习，最多也就达到中等水平。

人们很自然地都会倾向于运用自己的才能，做自己擅长的事很容易获得满足感并帮助你成功。好的领导者会意识到这一点，会允许自己团队的成员尽可能地找到自己想承担项目中的那一部分任务。按照过去的管理思想，一个落后的项目经理可能会说：“约翰，你技术写作的技巧太差了，所以我决定多给你一些技术写作的任务，提升一下你的技巧。”因此可怜的约翰就需要尽自己最大的努力，进行好几个月的练习，在写作上稍微提高了那么一点点。但是，在这个过程中，他浪费了项目组的经费，并且工作中感觉非常痛苦。而思想先进的项目经理会说：“约翰，看起来你似乎不是很喜欢技术写作，但是我听说你很擅长数学建模。”约翰被指派到和他的才能相关的工作岗位上，工作效率很高并且很开心。同时，项目经理会将技术写作分配给喜欢做这项工作的成员。优秀的项目经理会理解才能和技巧的区别，并且在进行项目管理时牢记这一点。最优秀的项目经理会与成员沟通，了解他们每个人的才能，因为只有自己才最清楚自己喜欢做什么。如果一个人喜欢做一件事，那么有99%的可能这个人在这件事上有天赋。

此外，优秀的项目经理还能认识到他们自己的才能是什么，并确定自己做的是需要这种才能的工作。在他们才能不足的领域，他们会想办法弥补，例如，邀请分析能力较强的同事来帮忙。项目分析者、会计或者财务管理人员能够有效地对项目成本进行分析，并发现项目经理可能漏掉的方法。成功的项目经理需要信任并利用这些同事的才能，尤其是在自己不擅长的领域。

1.2.4 技巧

技巧是才能的应用。举个例子，你使用你的分析才能来培养技巧，帮助你理解项目的成本动因。正如上文提到的，人们对自己才能的正确认识对一个人的成功是很重要的。如果你非常善于分析，你可以自己做项目成本分析。如果你不擅长，将这个任务分配给项目分析人员（或财务分析人员，这一职位在不同公司有不同的名称），让他们来做分析工作。非分析型的项目经理可能会去培养自己在这方面的技巧，并且也能做得很好，但是如果他们花费很多时间去培养自己的技巧然后自己做分析，时间就被浪费了，而项目经理原本可利用这些时间和客户见面或参加技术评审。因此优秀的项目经理会培养自己需要并且能够在合理的时间内获得的技巧，而其他的方面可依靠他的团队成员去完成。因此，项目经理应该避免去学习那些非常花费时间的技能，这样他就不会忽略其他项目内容。当然，项目经理也需要注意这样做可能会带来的其他影响：人们有时候会认为他们不具备的技能是不那么重要的。这样可能会使他们在不关心某些事情的时候用这一点来进行自我辩解。例如，如果一个项目经理对数字不敏感，他可能会认为，“我就关注进度就可以了，成本那边他们自己会管好的。”这种想法可能会导致他会分配过多的人员去维持进度，同时花费过多的经费。由此我们可以知道：优秀的项目经理应该特别留意他不是特别喜欢而由专家提供帮助的领域。

当然，项目管理中，有些工作是不能让别人代为去做的。例如：发现项目中不需要做的工作，要及时停止，同时给工程师寻找其他的事情。工程师都在不断地改进自己的产品（或设计）。大部分时候，这是好事情，但是这样可能会严重影响项目的经费和完成时间。这是一个普遍问题，因此在项目管理阶段可能有人会说：是时候解雇这个工程师了。（我觉得这样太过了，尤其我通常都是那个“是时候被解雇”的工程师。）优秀的项目经理会停止“设计蠕变”。这需要做到两点：一是项目经理能够发现设计蠕变；二是项目经理和工程师商议这件事情的技巧。我们需要记住的是，通常“设计蠕变者”们对产品的“改进”是非常热衷并且激动的。通常工程师都是很理智的，如果被告知确实没有时间和经费去进行这些改进，大部分工程师还是会理解的。虽然在商议的过程中可能会遇到一些阻碍，这就需要我们在“资质”部分提到的项目经理需具备的那些人际才能。我认为，项目经理还需具备以下这些特质：善于欣赏、有说服力、坚定和理解他人。虽然听上去解雇工程师这个解决方案是符合逻辑的，但是你需要记住这既不道德也不合法，而且还会对项目造成非常恶劣的影响。因为你可能之后就会需要这个工程师了！

1.3　项目类型

项目有各种各样的规模和类型。一些项目经理更倾向专注于某些固定领域，尤其是那些和他们的背景经验相关的领域。我们接下来讨论一些大家在高新科技领域会遇到的项目类型。

1.3.1　研究

研究是最“科学的”项目类型。对某项新技术应用于现有领域的可行性进行调研也属于此类项目，其研究成果通常是正式报告或权衡研究。由于牵涉的环节很少(不需要生产、供应链等环节)，这类项目遇到的交接和内部配合的问题较少。这类项目的主要需求就是满足客户需求。此类项目最好的成功方式是让客户成为合作方。客户在这个项目中投入越多的脑力，他就越容易对成果满意。你和客户组织机构各个层面的合作基本上都会带来比较好的结果。但是这种合作关系也存在风险，团队很可能偏离主题，产生完全不符合客户上层管理人员预期的成果，以至于给双方都带来不利的影响。优秀的项目经理在这种项目中会抓住一切机会，核实客户各个管理层面的方向和进度。

以研究型为主的项目还会有成本超支的风险。由于工作的成果很难量化，甚至是不能量化。通常这类项目都是“成本加成”或“工时与材料”(T&M)项目。这类项目的特点是由客户支付项目产生的一切费用。但是这种项目绝对不是“空白支票”。实际上，由于这类项目的目标都不是很明确，客户通常都会更仔细地检查钱款的去向。这类项目合同的可交付成果通常都是报告或汇报。如果一个简单的项目到了最后只有一个报告，那么合同中会有明确规定，说明报告应该包括哪些内容或者不包括哪些内容。我们的策略永远是让客户满意、让客户高兴。对于研究型项目，固定的变量就是成本(合同价格，利润少而且包含一切)，变量决定了报告的质量。这很简单，如果项目经理关注成本，为满足成本目标，当项目经理发现经费不足时，他会压缩报告的深度，但这样做的难点在于如何保证报告的高质量。因为很难衡量为完成某项研究报告需要花费的时间，因此确保结果令双方都能满意的最好的方式是加强与客户的联系与沟通。每周或每个月的电话沟通(取决于项目的规模和时间)能够帮助我们实现这一点。有时合同可能需要审查,但是这可能意味着这是一个非常好的时机,让你的客户了解工作进度和他支付的费用的去向。

1.3.2 设计

一个设计项目也有各种规模。通常,这类项目合同的成果是满足客户要求的图纸或软件产品的集合。有时,此类合同要求生产一件产品并对其进行试验,从而确保设计满足规格要求。这是最难的项目类型之一。由于合同要求要生产产品并对其进行试验,且产品要能通过试验,因此,如果一旦项目资金短缺,项目经理也无法随意调整项目内容。由于工作的不确定性以及设计面临的技术挑战,这类合同通常都是不同类型的成本加成合同,可降低公司的风险,但不会消除风险。很多合同都会规定有成本激励,或设置绝对上限,或有成本分担条款,以适用于超支情况。对于设计型项目,客户会根据项目经理能不能成功地在规定成本范围内交出符合要求的设计成果来评判项目经理的能力和信誉。

对项目经理来说非常重要的是,他需要对项目涉及的技术有足够的了解,从而确定项目是否正常运行。此外,项目经理还需要技术顾问来帮助他做出决定。顾问必须是富有洞察力的、实际的、诚实并且是直言不讳的。当项目出现问题的时候,项目经理需要及时向高层汇报,获取高层的帮助。当然,基于高层的才能,他们提供的可能是真正的帮助,但也可能因此要准备额外的汇报。这样可能会使项目经理分心,不能专注于解决问题。不管怎样,项目经理必须能够在萌芽阶段发现问题,最可怕的是多个领导层都对之前发现的问题表示惊讶。(我曾经遇到过因为问题不能及时提交与解决而导致 5 个管理层的更换、解雇、辞退或调离的情况。)这里需要重视的就是"勇气"这一才能。

1.3.3 生产

一旦设计确定(不管由你公司设计还是其他公司),大部分情况下,下一个步骤就是生产产品。生产项目有着自己的难题,但是通常会比设计项目的风险低。由于不确定性的降低,这类合同大多是固定价格(FP)。由于生产材料是已知的,通常在准备阶段,项目经理凭借积累的经验可以估计所需的劳动力,因此成本是更加明确的。但是,固定价格合同也有一定的风险,也可能出现很多赔钱的情况。由于项目经理的工作是为公司赚钱而不是赔钱,这类合同需要他们格外小心。此类项目的主要问题是材料和人力能否及时到位。如果没有零件,是无法按期生产设备的;而如果没有人力,就没有人组装零件。任何一项不到位都会导致项目延期,就会导致客户不满甚至生气,还会导致项目成本上升,因为支撑团队(质量保障工程师、合同双方代表甚至项目经理)都会在这个项目上花费更长的时间。因此,进度控制对于成本是非常重要的,必须紧密跟踪。如果出现资源短缺的情况,制造团队会就如何保持员工工作饱满提出建议，但如果工作太过饱满可能会导致未来工厂内没事情可做，这可能会违背职能经理的初衷。职能经理可能更愿意让项目成员有点儿事干而不是游手好闲，至少这样还可以收取管理费。

因为不同的项目可能会面临不同的风险，因此不同的项目会采用不同的合同方式。通常情况下(但不绝对)，合同类型和项目性质保持一致。我们将在下一部分探讨合同类型。

1.4　合同类型

客户会采用不同的合同方式和供应商合作。上文提到过不同类型的项目会采用不同类型的合同，从而对风险和奖励做出适当的管理。下面是主要的合同类型。

(1) 成本加(利)合同是指支付供应商的成本，"利"是一定比例的利润。劳动力和材料价格上升都需要依据公布的比率，由政府进行审计，公正收集数据，按照审计方式严格将允许和未经允许的间接成本分类。这种方式下，所有累计的费用都由客户偿还，包括事先协商的和激励费用。主要有三种成本加合同：

① 成本加固定费用(CPFF)——这种合同，所有相关费用在合同签署时进行支付。举个例子，如果要研制某型雷达，客户会支付工作所需的花费，还会支付预先约定好的服务利润。

② 成本加激励费用(CPIF)——这种合同是成本补偿合同的一种，如果承包商表现优异(例如提早交付或降低成本)，就会获得更高比例的利润。举个例子，如果工作提早结束，这对客户来说就是非常有利的。为了奖励承包商对这个项目付出额外的资源从而使项目提早完成，合同价格就会向上调整，奖励承包商的额外努力。

③ 成本加奖励费用(CPAF)——这种合同的固定费用会随着某项固定指标的性能提升而增加，如弹体速度、燃料经济性，或计算机系统吞吐率或延时等指标。

另外一种成本加固定费用合同是固定费用为预估成本值的一定比率，从而控制超支。例如，如果一个项目预估成本为 1000 万美元，它的固定费用可能是 1000 万的 10%，也就是 100 万，总价就是 1100 万美元。如果项目超支，而固定费用保持不变(100 万美元)，那么合同方的利润率就降低了。如果合同成本上升到 1500 万美元，那么总价就为 1600 万美元，固定费用的比率降低到 6.67%。因为一个公司的业绩通常是通过利润率来衡量，项目的业绩也是一样。虽然你和成本控制在 1000 万美元以内得到的是同样的固定费用，但是你动用了公司的额外资源，本来可以获得 10%的利润率，而你只获得 6.67%。因此将成本控制在合同价值内对你和你的公司来说是非常必要的。

尽管成本加合同的风险都很低(因为公司不会赔钱)，还是需要项目经理非常谨慎地应对。如果表现较差而使预定的利润减少了，上层管理团队会非常“失望”。如果利润率降低到 3%或 4%，你的项目，尤其如果是一个大型项目，可能会严重降低你的整个团队甚至整个部门的利润率。

(2) 固定价格——这种类型的合同就和它的名字一样，无论成本是多少，价格始终是固定的。有时我们也称它为严格固定价格(FFP)，用于强调价格的固定性。固定价格合同适用于各项工作都非常明确的项目，例如对已经得到实践的设计进行生产。这种类型的合同降低了买方的风险，买方不用为产品花费不合理的支出，对买方来说他们更喜欢这种合同，尽管它也不是没有风险。举个例子，某个系统可能通过预生产试验，但是事实证明在量产阶段可能还是会遇到比预想中更多的难题，例如有可能是因为零件型号的不同，或是生产资源退化——也叫做报废(DMS)。这些风险对合同承包方来说是非常高的，但其合同利润通常也远远高出时间与材料合同，为 15%～20%。

固定价格也是严格固定价格合同，也叫做总结算合同。它是产品取向的，顾名思义就是所有的产品有一个合同定价。

严格固定价格合同的一个变型为“固定价格加激励”合同，基本上就是固定价格合同，但是在成本高于(或低于)预期时含有附加条款。举个例子，一个项目预计成本为 1000 万美元，定价假设为 1200 万美元(20%的利润)。但是因为出现某些问题，实际的成本为 1100 万美元。这里，超支的 100 万美元可能会被分摊，例如按照预先协商的，由客户承担 50%。因此承包商的利润就不是 100 万美元，以这个客户分摊为例，承包商的利润就是 150 万美元。这种理念有助于承包商控制成本，但是不会因为在下单时没有预见到的情况而将承包商逼到一个财政捉襟见肘的地步。通常，如果低于成本预算双方也会进行分摊，如果一个项目比预期进展的顺利，买方可能通过降低合同价格的方式拿回一部分超额利润。图 1.6 和图 1.7 阐述了超支和低于成本的情况下的分摊理念。通常，奖励是有上限的，因此对买方来说最终的花费是有上限的。如果一个项目经费超出上限，这对管理这个项目的项目经理来说就是晴天霹雳。

(3) 工时与材料——这种合同最适用于没有办法准确预计工作量的合同。研究工作中，我们并不能确定我们一定能解决某个难题，因此非常适合采用工时与材料合同。此类合同中，客户通常购买的是工作(“时间”，通常是指工程时间)、样机和演示模型(“材料”)等。由于很难预估成果，因此这种合同形式非常适合用于还处于研发阶段或者极具挑战性的项目。此类合同会设定目标，但是合同上仅将其设定为预期能够达到的目标。付款会依据工作的工时与材料购买而决定，会预先商议好劳动力成本和原材料成本的涨价幅度。通常情况下，此类合同都采取按月支付的方式。这类合同的风险极低，因为所有完成的工作和购买的材料都会被支付。由于这类合同风险极低，因此其利润也相对较低，大约在 8%～10%。最大的

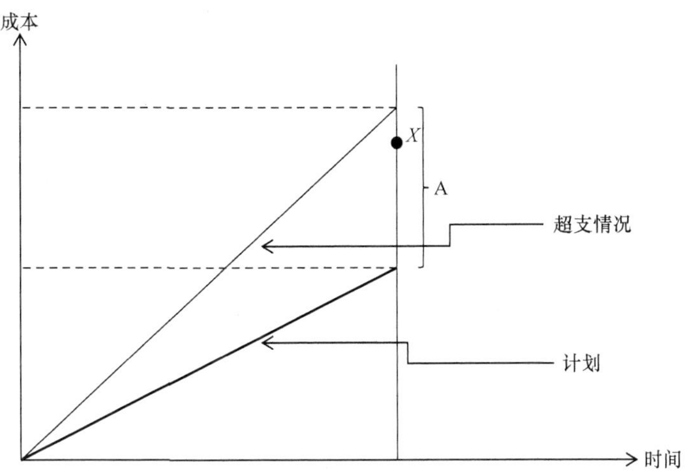

图 1.6　超支情况:超支部分 A 会在 X 点处被分摊

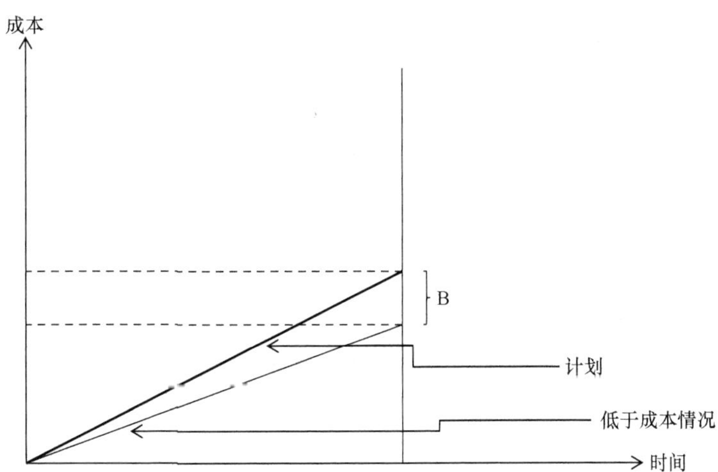

图 1.7　低于成本情况:低于成本的部分 B 会被分摊一部分返回给买方,通常没有下限

风险就是客户可能会对成果或进度不满意,因此可能会终止合同。

因此我们可以知道,有两种基础类型的合同,包括成本补偿类合同(工时与材料、成本加固定费用、成本加激励费用,以及成本加奖励费用)和固定价格合同。当然,这两种合同还可根据各自的特征衍生出多种类型的合同,甚至还存在混合类型。

当然,对于激励合同或工时与材料合同,其合同类型和固定费用是通过协商确定的。但是在竞标时,合同的类型都是由客户确定,所有的竞标单位都必须服从这些要求。竞标单位确定合同中的风险后,可能会将固定费用的价格定得更高,可能会导致总价变高，以至于使其所在单位在此次竞标中输给其他更有野心（或更天真）的竞争对手。大多数大公司趋向于风险规避，中标一个超支的合同可能会使多年的利润全部付诸东流。因此，对于固定价格，或低上限激励合同，一个优秀的项目经理需要仔细审查，确定成本与预测相符。

有时候，公司会“买进”设计合同，好让自己在生产合同中获得独家，或是占据有利位置。这样做可能会有风险，同时也可能违反联邦采购条例（FAR）。即使在竞标中，也必须明确说明成本。然而，报价可能乐观也可能不乐观，而如果商业利益足够大，固定费用可能会降低到 0%。但是假设某公司真的竞标并且得到了设计合同。后续生产合同中还是充满竞争的，设计公司不一定有很大的优势。实际上，因为它知道生产会非常艰难，而其他竞争者可能会以更低价中标，因为它们不知道这里面隐藏的困难。又或者，项目可能会被国会取消，只进行了极少量的生产，甚至不生产。“买进”（即使在联邦采购条例许可的范围内）就是一种赌博，大多数大公司都不会这么做（当然至少是就我知道的而言）。

最重要的底线就是项目以正确的合同形式获得适当的资金，这是一个投标经理被选为项目经理的一个原因。投标经理需要负责在投标过程中发现风险，采取措施使风险合理化并且和利益程度相符，还需要知道如何能在经费范围内开展工作，并且需要识别风险并降低风险，然后再决定是否要进一步准备标书。因此项目经理在一开始就是“拥有”这个项目的，而他知道他作为投标经理很可能成为项目经理，他是不会冒不必要的风险去获得合同奖励的。

1.5 机构简介——部门协调

对于项目经理，一个很恰当的比喻就是项目经理就像是交响乐团的指挥，所有组成部分（弦乐器、打击乐器、管乐器等）都需要协作才能呈现出美妙的音乐。因此，虽然项目经理没有小提琴部分，但是他有工程、合同、财政、后勤、制图、材料管理、操作和质量管理等。他的工作就是让这些独立的部门共同奏出美妙的音乐，成功完成项目。在多数大型机构中，各个部门的职能基本根据历史或惯例都已明确。但来自这些部门人员在特定项目中发挥的才能则不尽相同。聪明的项目经理会挑选聪明、有技巧、有才能、合作能力强、有经验、有学识的项目成员。但是必须承认，不是每个人都有上述所有优点。在一个好的团队里，在某个领域能力很强的人员应该帮助那些能力稍弱的人员。项目经理既是团队的领导者又是团队的一员，在自己不擅长的领域也需要帮助。

假设你是一个设计工作的项目经理，尽管你尽了最大努力，你还是被指派了一位非常不擅长处理知识产权问题的合同管理员。幸运的是，你在知识产权问题上非常有经验，因此你就可以帮助合同管理员关注相关的问题。如果你的帮助非常有建设性并且起到了良好的作用，那么你的合同管理员就会知道将这些内容拿给你过目。然而即使你只有一次刻薄地对待了合同管理员，那么就可以确定下一次他绝对不会再来找你寻求帮助了。

项目经理最重要的工作就是确保各相关领域(实际上还包括这些领域内所有的人员)都能通力协作。一旦组建了自己的团队，你需要找到那些以前就在一起和谐工作的人员，或者是通过日常或其他接触能够相互尊重的人员。在许多机构内，项目经理不能完全自主地挑选所有成员，但是他可以决定和哪位职能经理合作。不管怎样，不要接受任何不道德、不负责任或是不能合作的人员进入你的团队。你的团队中的一颗“老鼠屎”可能会毁掉你团队中的其他成员，降低整个团队的归属感。当然，项目经理如果想要给团队增加一名成员，他绝对有必要花费额外的时间与项目成员沟通，询问他们是否愿意与这个人一起工作。如果你听到的回应是“好吧，我觉得应该还行吧……”，那你就需要注意了。如果成员不能一起和谐工作，绝对会产生非常可怕的结果。

我(作者)曾经有一个项目，我发现员工A知道了员工B需要做他的工作，员工B跟员工C抱怨，而员工C已经从员工A那里知道了这件事。我觉得这好奇怪啊，我就问员工C“怎么回事?”他说，“你不知道吗，A和B互相看不顺眼，已经好多年没说过话了”。好吧，我不知道。更糟糕的是，我不知道在我开始注意之前，这件事已经持续了多长时间了。我非常震惊，我认识A和B，并且对他们印象很好。但是这是不够的！现在我在组建一个团队时，我会问候选人，“我们还在考虑X、Y、Z、W和P进入我们的团队，你觉得怎么样?”这就能够避免相处不融洽的人同时出现在你的团队，同时又展示了你重视每个人的付出，你重视他们的意见并且你欢迎他们的建议。我是如此艰难才学会这一点，希望你不是。

理论上来讲，部门(人员)之间的协调应该有程序规定，但是人终究是人。优秀的项目经理应该确保整体的氛围有利于顺利地开展工作，即使应对的是很棘手的部分，例如人的个性。

1.6　小结

在这一章中，我们探讨了项目管理的本质。项目管理可以很容易地被分为“管理”和“领导”，项目经理通常会通过机构已有的政策和程序，获得在管理方面的一系列指导，因此他们需要更加注重领导部分。有效的项目管理需要项目经理肩负起多方面的职责，例如客户协调、进度监督、绩效指导、规划和安排项目时间等。同时，我们还讨论了通往成功所需的资质、才能和技巧。

项目有不同的类型，并且对应不同的合同类型。我们总结了多种合同方式(例如成本加、固定成本)及其衍生形式。理想状态下，客户和供应商协商特定项目的合同类型，在投标时项目经理的职责就是确保合同的类型与项目的本质是相符的。在组织结构上，为确保项目成功，我们阐述了从公司各部门挑选具备协作能力的专业人员的重要性。

本书的剩余章节将更加详细地介绍项目经理的职责和他们工作所处的环境。我们采用真实案例介绍项目经理工作的基本要素，阐述项目管理这门学科和通往成功的方法。

1.7 本章习题

1.7.1 讨论

1. 你对项目管理的看法是?

(a) 具有挑战性?

(b) 激动人心?

(c) 无聊?

(d) 令人讨厌?

2. 经验对成为一个优秀的项目经理有多重要? 项目的技术知识到底有多重要?

3. 你被指派去管理一个成本加合同，你认为这种合同类型会对职能经理为你的项目配备员工产生何种影响?

1.7.2 书面作业

1. 从你的从业经历中回忆两位项目经理，一位做事非常有效，另一位则效率低下。根据本章讨论的项目经理应具备的特质，对他们进行对比，并总结哪些特质是他们成功的法宝，哪些又是导致失败的祸根?

2. 你更想从事哪种类型项目的管理工作? (设计、生产、研究?)为什么这类项目会吸引你?

第 2 章　掌握诀窍:领会企业文化、客户以及项目能力

本章将探讨项目所处的环境以及项目经理如何有效利用这种环境,使其成为一种优势,如何利用环境以规避那些可能阻碍项目发展的问题。

我们认为,项目是存在于一系列系统(公司、客户和团队)中的系统。图 2.1 给出了各系统之间的相互关系。

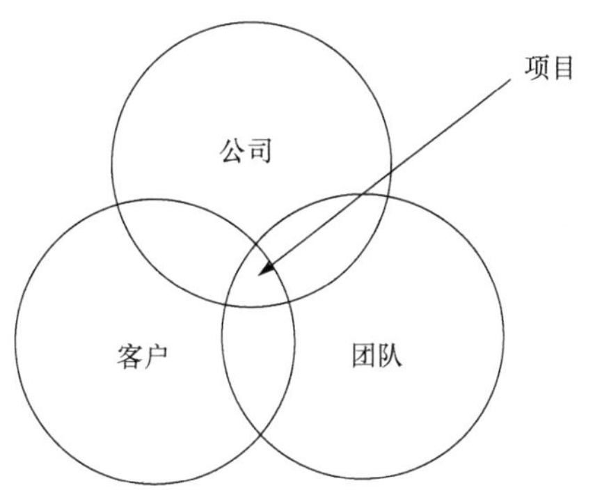

图 2.1　项目所处环境

项目有时可能会与每一种系统单独产生关联,但通常情况下,还是受到三种要素的综合影响。项目经理越是领会三者共同作用下的未来发展及其文化,越能利用这种环境,促使项目成功。下面我们先对这三个要素依次进行探讨。

2.1　企业文化下的项目

项目经理是由企业选定的,这说明企业对项目经理有一定的信任度。项目经理具有管理监督的职能,只有项目经理具备岗位优势,能准确、快速地确定项目的状态,当问题出现时采取纠正措施。

企业会提供一套协助项目经理的流程和规范,以及与上层管理人员交流的机会。一些企业热衷于各种指标,但更多的时候流于形式。指标能够发挥一定的作用,但有时也具有欺骗性。其中一个最基本的概念就是挣值(EV)。挣值是指已完成工作量的预算成本。

举个简单的例子,假定一个项目的任务是送三份文件,传送每份文件的工作量

是相同的，并且按照顺序依次完成。假设项目经费为 100K 美元，那么用于每一项工作的经费是 33.3K 美元。工作从开始到完成第 1 份文件的传送后，花费成本为 30K 美元。尽管只用去了 30K 美元，但挣值为 33.3K 美元。第 2 份文件进展也很顺利，同样花费 30K 美元。前两个工作花费 60K 美元，项目挣得了 66.6K 美元。但最后一份文件的传送出现问题，挣值为 33.3K 美元，而实际项目花费了 45K 美元。这个项目最终还是超支了，总计花费 105K 美元(30K＋30K＋45K)，而其挣值为 100K 美元。通常，用已挣得的除以已花费的，计算得出费用绩效指数(CPI)。这样，费用绩效指数表示的就是已挣得的与已花费的之间的比值。费用绩效指数最好是大于 1，小于 1 则表示花费的比获得的(挣得的)要多。

当然，在现实情况中，计算挣值是非常复杂的，项目的工作内容也远不止是上述 3 项任务那么简单，或许包含 50 个任务，或者多个任务同时进行。假设每月计算一次挣值，那么对于计算期间的工作也必须要进行估算。因此，要想获得准确的挣值是非常困难的，也容易被滥用。假设工程经理承担一项 100K 美元的工作，过程不是很顺利。如果只挣了 40K 美元，那么他会不愿面对已经花费了 50K 美元的事实。在难以启齿的情况下，他很可能会将其工作业绩乐观估算为 50K 美元，期望今后加以弥补，或者他会期望是自己对项目进展评估过于悲观，但他没有意识到"期望并不能解决问题"。

如果长期项目必须依赖于工作人员计算得出的挣值，会带来较大风险。因此，可以将项目分解为多个短期的任务以降低风险，更重要的是建立一种团队文化，在这种氛围中工程经理很乐意坦诚己见。"惩罚"或者"各负其责"的文化容易导致过度乐观估算进展。如果发现不了问题，管理人员无法解决问题。

惩罚性的文化氛围常常导致人们去掩饰真相，而且会被误认为是一种说谎行为。但事实上，经理们只是希望在上报坏消息之前，能够改变现状。这就是成功的项目经理希望能够达成坦诚沟通的重要原因。下属们只有在确认暴露问题能够有所帮助，才可能会告诉你这些坏消息。而如果暴露问题会遭遇斥责，除非万不得已，他们会一直"期盼着"有好的事情发生。

场景：在一次高层人员会议上，有项目经理 A 参加。会议结束时，公司老板听取每个项目经理的汇报。不幸的是，坐在经理 A 左边的一位项目经理汇报了该项目进度滞后，可能会延迟未来交付日期。大老板非常担心此事，并且很生气，声色俱厉。这种苛责非常激烈，当结束讲话时，他已经面红耳赤，厉声斥责。之后，老板问道："项目经理 A，你还有什么要汇报的吗?"项目经理 A 答道："没有了，先生。我已经看到刚才那个家伙的下场了。"大家哄堂大笑，包括老板在内。会场的紧张气氛转眼烟消云散。

上面那个小插曲至少可以得到两点启示：

(1) 幽默有时能够化解紧张的气氛。

(2) 最重要的是,如果领导对坏消息的反应过激,就会造成其成员对于坏消息的汇报有所忌惮。

如果大老板当时说:“恩,这情况有点严重啊,我们能做些什么呢?”项目经理可能就会表达自己的焦虑情绪,这样的话,大老板就能获取更多的信息——即项目经理真正希望得到哪些帮助。要对好消息和坏消息一视同仁——如果你想解决问题的话,需要倾听坏消息。

因此,指标有时会有帮助,但是确定工作价值以及估计任务完成时都会出现误差,而他们又是项目管理工具箱中的唯一手段。事实上,这一指标可能被过高估计或被误用。最好的“指标”是与工作人员进行沟通。“项目进展如何?”“我能帮你些什么?”这些问候是项目经理最好的管理工具。

一项耗资几百万美元的重大项目的起始时间 $t=0$。之后,迅速调配合适的工作人员。为了弥补时间的不足,可以增加更多的人员,费用适度增加。但是,由于工作人员对项目以及人员之间不够熟悉,所以入不敷出。在项目初期阶段,没有人会认为不能补救,因此挣值的估算比较乐观。如果在早期发现问题并采取措施,情况还是不错的。尽管项目领导和团队工程师已经竭尽全力,项目进度仍然滞后。但是,此时挣值的“停止指示灯”仍然显示为“绿色”,甚至会持续几个月。上交客户的报告上也显示能够按照预期完成,但事实上却远远没有准备好。而当指示灯从“绿色”突然跨过“黄色”,直接转变为“红色”时,这会让人非常意外和突然!另外,当有新的上级领导就职,也会对项目经理和其他各级管理人员产生不利的影响。这会导致非常严重的“意外”。为什么呢?是有人在工作中拖延了,说谎了吗?不,这种“意外”的出现是由于报告是基于过于乐观的挣值完成的——要么由于担心报告坏消息,要么是项目经理过于乐观,期待出现转机。那么如何解决这个问题呢?去和工作人员交流,争取他们的信任,无论好消息还是坏消息都能传达给你。而且,坦率地告诉上层管理人员项目目前遇到了麻烦(以及你打算如何解决这些问题)。

公司一般也会有具体规定,明确各职能机构的职责。而这些规定大多只在出现问题时,人们才会认真地阅读。事实上,人们往往习惯于按照以往的惯例行事。因此尽管员工已经非常熟悉他的工作,但你作为项目经理也不能完全依赖他们。与评估项目进展类似,项目经理应该通过沟通的方式解决问题。你原本期望他们已经完成应该做的。但是,如果事实并非如此,那么,你不要去斥责,而是确认他们正在开展工作。为什么“不能斥责”呢?很简单,这样的话,他们只会让你知道部分真相。他们并没说谎,但如果你对事实真相的反应很糟糕的话,他们很可能会支吾搪塞。作为领导者,你应该做的是:“事情怎么样?我能怎么帮你?”而不是“你到底做错了什么?”如果你确实想提供帮助,不要指责,项目团队就会知道你不是惩罚型的领导。他们会信任你。你就会获得你所需要的信息，不会发生“措手不及”的情况。更重要的是，你的项目也不会出现让上层管理人员感到意外的事情。

2.2 项目与客户（及其文化）

项目经理是连接公司与客户之间的主要桥梁。了解客户的文化和工作职责是非常重要的，以便向其汇报工作。通常，在客户办公室接洽项目经理的人同样也是项目经理。客户的工作是确认项目是否正按计划正常开展，即能否控制在成本范围内准时交付高质量产品。客户的成功依赖于你的成功——你的工作难点是要确保客户关系和谐。和合作式客户相比，与监工式的客户更难于建立一种互助式的关系。但不管关系如何，你也应该分享成本控制、进度控制以及产品质量的进展信息。下面将对上述三个目标逐一进行探讨。

2.2.1 成本

对于固定价格的合同，成本基本上是你自己的问题。“基本上”的意思是因为即使对于固定价格合同，成本超支也会影响客户。项目遇到麻烦时，应该查找问题，发现是否与客户有关。诸如得到的信息是否完整或者有无错误；有没有及时收到政府或客户的材料或材料是否有瑕疵；客户提供的软件是否正常工作等等。因此，聪明的客户也希望项目进展顺利，这不仅仅因为与他们利益密切相关，更主要的是你的成功能减少各种“意外”的可能性发生。

对于工时与材料合同，成本控制则要与客户共同承担。尽管降低了你的财务风险，但事实上风险转移到了客户身上。客户必须确认其付出能够得到回报。对于这类合同而言，由于很难量化出交付物和工作量，量化进展也会令人质疑。让用户清楚并监督进展是非常重要的。例如，如果提交物很少，那么提供月度进展报告，可以让客户更清楚地了解项目的进展。这也便于客户向其管理人员汇报工作。当然，也会存在“意外”情况，不仅让你方管理人员“意外”，同样使客户以及客户方管理人员感到“意外”了。

消除这种“意外”的最有效方式就是建立良好的沟通机制。项目进展报告是让客户及时了解问题以及解决问题的最佳途径。口头沟通的方式更适用于在项目出现问题之后的各种讨论，提交进展报告能够帮助客户实施其监管的职能。无论好消息，还是坏消息，全部记录下来。这对你和客户之间的关系以及整个项目都是有利的。对工时与材料合同而言，是允许在工作完成之前用完经费，从理论上讲，允许申请更多的资金。客户和你们一样都是反感“意外”的。如果你让客户感到“意外”，同样客户也会让他的管理人员“意外”，这对双方来说，都没好处。

项目经理经常与长期客户打交道，可以更好地了解客户的关注点，这也是项目经理消除“意外”情况的解决途径之一。有时，客户对解决棘手的成本问题非常有帮助。他有权限改变合同类型，延长交付日期，或者采用其他方法救你于水火之中。记住，尽管客户有责任将其工作做好，但仅仅是他想帮你还是不够的，前提是你的工作业绩要好。通常，项目遇到麻烦，双方都会遭到“责备”，因此为了双方满意，大家应共同想办法去解决问题。你的目标是利用这种信任，与客户建立良好关系，为尽快解决项目问题，寻找创造性的解决方案。

假设，国防部客户没能按照合同要求在规定的日期交付硬件。根据合同条款，你有资格要求经费赔偿和进度补偿。但是，聪明的项目经理不会去算计能从客户的失误中获得多少赔偿，而是想方设法使其对项目的影响降至最低。如果处理方法得当，项目经理能够使影响忽略不计，从而避免客户遭到“诉讼”的尴尬。客户也是人，如果你每次都能帮他们，他们也会愿意帮助你。在客户遇到困难时伸出援手，而不要借机敲竹杠。

2.2.2　进度

你的工作可能只是大型项目中的一部分，因此你的工作进展顺利有序，特别是在进度方面，对客户来说至关重要。正如之前讨论的成本控制，你和客户在项目进度中是合作伙伴。在确保进度的同时，控制成本和保证质量并非易事。有很多种情况和权衡折中都会影响进度表现，要解决这些问题离不开与客户的合作。建立“共同目标”的理念是一种非常有效的途径，它鼓励客户为确保进度提供支持。

2.2.3　质量

为确保进度和成本而牺牲质量是一种错误的行为。有时，甚至只是为了满足某些指标，而并非来自客户的需求。指标并不都是完美无缺的。每个项目都是不同的，但重要的是满足客户需求，即使合同上并没对此强制约束。但在与客户发生对立时，你可以在必要情况下提醒他应该严格遵守规定。不过，最好不要陷入这种困境。进度出现问题是很糟糕的，但业绩表现差则更为棘手。当你与客户都意识到合作的重要性，大多数情况下，你们会同舟共济，确保质量。成本、进度和质量三者中，质量为“王”。质量远高于成本和进度进展，它对你、项目和公司都具有极其重要的战略意义。

总之，项目经理需要成为问题解决者，使用其所有的工具，包括与客户的友好关系和共同创造力，解决可能出现的各种问题。

2.3 项目与团队

项目经理是团队领导者。团队的内部文化是成功的最佳预言者。要获得成功,团队必须协同工作,彼此尊重信任。团队成员之间不能彼此猜忌,这会滋生敌意、防御性和报复行为。这就是如第1章讨论的为什么“有些人不能一起共事”的原因。

项目经理不仅是团队的一员,也是团队的领导者,因此必须清楚要与团队保持良好的关系。作为项目经理,如果你认为你比团队的电气工程师更重要,那么目前的岗位并不适合你。如果你认为自己是个很了不起的电气工程师,那么你应该转换你的岗位。要赢得团队成员的信任,你首先应该学会尊重并欣赏团队每个岗位的工作。

当然,你也应该确认并处理那些业绩不佳的人。要避免出现这种问题,最好就是在组建团队时,务必挑选有才干的、积极主动并且被同行所认可的成员。要耐心等待直到找到合适的人选,而不是贸然选择业绩差,而且会导致整个团队受挫的成员。将业绩不佳的人分配到其他项目或转换其他岗位,也许是一件很费心费力的事情。但“保留这些人物”没有任何好处,将这些人放到适合他们的工作岗位才是正确的做法。

务必要警惕那些不公正的评论。你要确保尽可能以最高效的方式完成任务。同行的批评指正有利于提升产品质量。但也要意识到,要求过于严厉,对某个成员的不满可能会升级到伤害整个团队,导致人人岌岌可危。切不可对这种无礼或恶意行为熟视无睹,即使违背了公正的原则,你也应该制止类似情况发生。人是存在差异的:有的人厌恶粗暴的行为,有的人超级敏感。不管怎样,都不能对项目的进展产生负面影响。视情况不同,与当事人私下进行沟通。确立尊重和欣赏的标准,你的团队也会同样以此标准开展工作。

如果你成功选择了一支好的团队,多数情况下,你不需要在生产或行为管理方面做太多的事情。优秀的项目经理清楚何时放手,何时介入。在“管得太多”和“管得太少”之间,最容易出现问题的是前者。“管得太多”会使团队成员丧失自己的工作方式,你或许会感到自己能力很强,但这也使下属认为自己可以不用努力思考和工作,这样可能使项目以失败告终。让团队成员按照自己的方式工作,通常可以提高成功的概率。不过也有意外发生,所以你必须清楚什么时候要坚持自己的方法。要明白,即使你的方案与团队成员的相比有10%的优势,但如果强迫工程师接受,那么这10%的优势也会迅速消失。同时,要是事情进展并不顺利,你必然会受到责备。相比之下,工程师更乐意去了解自己工作方法的有效性。

曾经有一位年轻的项目经理,带领一支30人的团队,包括系统工程师、电气工程师、机械工程师和软件工程师。此外，还有包括与合同、财务、上层管理人员以及之后运营等相关的保障性部门。当时，软件研发存在滞后问题。90％的软件研发任务很快完成，但剩余的 10％持续了很久。这位项目经理对软件开发不是很熟悉，也因此显得有些担忧。不过，项目最终还是出现了奇迹。软件团队是由 8 人组成，当时在比较偏僻的工作地点进行封闭工作。项目经理定期检查工作，并给予充分信任。他认为一切都很顺利，而且事实上也是如此。软件成员使用自己的方法处理问题，营建了一支团结、高效的队伍。然而有些上层管理人员对这种“放手”感到不安，并且令人可笑地认为应该制作一个真人尺寸的项目经理纸板模型，放在实验室里。正是由于给予了这个团队更多的体谅和宽松，软件工程师们每天准时提交工作包，而且高质量完成。项目经理发现，当一个工作包到期了，团队的其他成员也会倾力帮助，甚至有时会牺牲自己的任务。（他们给出的理由是，如果他们以后需要帮助时，别人也会帮他们。）清楚何时给予团队信任，是项目经理需要掌握的最重要的技能之一。它仅次于确认哪里会滋生团队无法独立解决的问题。在理想情况下，他们会求助项目经理。

因此，作为一名项目经理，你必须了解来自公司、客户和团队的各种影响，尽可能去驱弊存利。表 2.1～表 2.4 给出了一些实例。

表 2.1　公司与团队的相互关系

公司与团队	
＋	－
公司范围内的答谢野餐	医疗费用扣减增加
改善教育培训报销制度	加班制度方面的负面改革措施
聘用新的上层管理人员，很棒的领导	聘用新的上层管理人员，很差的领导
团队成员晋升(祝贺)	团队成员晋升(嫉妒)
公司在会议上以书面报告的形式支持团队成员	公司没有提供适合参加的专业会议资金支持

表 2.2　公司与客户的相互关系

公司与客户	
＋	－
客户给公司增加额外业务	同一客户的其他项目遇到麻烦
公司宣布明年降低费率	公司宣布明年提高费率
客户上层管理人员拜访公司	客户请求上层管理人员参会讨论公司业绩
军队将领/高级官员/CEO 参观工厂	为迎接军队将领来访，整理实验室
军队将领在实验室停下来与团队聊天	团队准备演示，但海军上将最终没来

表 2.3 客户与团队的相互关系

客户与团队	
+	—
客户给团队写表扬信	客户写信关注团队表现
客户拜访并与团队在开会中取得成果	客户拜访但与团队在会上未取得预期目标
客户邀请团队参观试验场地	无效原因文件未能得到客户批准
客户快速下达分阶段目标确保团队持续性	客户延迟下达可持续订单,团队成员重新分配任务
客户利用互联网访问团队成员	在访问客户办公室时,团队成员无法上互联网或受限

表 2.4 客户、公司与团队的相互关系

客户、公司与团队	
+	—
客户发送感谢信;团队获得奖金	客户发出关注信函;团队被上层管理人员训斥
客户来访,并与团队拍照	客户对有关该项目的文章进行了大幅修改,或者不允许将其刊登在内部简讯上
客户提前确定订单,以进行延期法律评审	下一阶段订单不在法律评审之列
由于团队的出色表现,客户增加了与公司的合作	客户以团队的糟糕业绩表现为由,不再继续与公司开展更多的业务
客户和团队共同提出专利申请	由于知识产权问题,无法共同申请专利

尽管,有部分因素是项目经理无法掌控的,但是事件产生的影响能够清晰地反映出团队的素养和精神。作为项目经理,你的工作就是要坦诚地处理这些问题。明明看见"屋内的大象",但却试图忽视它,这是非常糟糕的。当项目出现问题时,你的工作就是要尽量将损失控制在最小范围内,并且表达出对团队工作的信任。

2.4 本章习题

2.4.1 讨论

1. 规范和政策对项目经理履行职责来说是一把双刃剑,请举例说明。

2. 你希望客户能够如何参与到你的项目工作中?项目的类型是否对你的答案有影响?

3. 你是否曾经遭遇项目陷入困境?在这种情况下,对团队的领导和工作人员产生了什么影响?

2.4.2　书面作业

1. 叙述一件你曾经看见或与客户之间发生的趣事。互动交流的情况如何?对正面和负面经验进行讨论。

2. 作为项目经理,你告诉了团队一个很好的想法,但并没有如预期地得到积极响应。想一想,为什么会出现这种情况?

3. 结合 2.4.1 节讨论的第 3 题,讲述一个曾经遭遇困境的项目,团队领导是将“陷入僵局”的项目带出泥潭还是使其“变得更糟”? 请举例说明。

第3章 辨识机遇

作为项目经理,你会经常参与公司战略或战术层面的决策。例如:

战略层面——公司在军用舰载雷达的设计和生产方面发展良好,是否应进军商用船用雷达市场?

战术层面——你的长期客户要求你投标争取一份仪器系统的设计合同,而完成一份方案需耗时500小时,耗资10万美元。

大多数公司是由商业发展部门和上层管理人员进行决策,而你作为项目经理,对机遇有最强的整体洞察力。

战略层面——你知道公司的优势、延展性、价格竞争力以及技术和生产能力。

战术层面——如果你拥有一定的判别能力,并正在与客户建立联系,你要清楚自己的竞争力,以及其他投标者的优势和劣势。

3.1 项目经理的知识是核心要素

虽然公司的经营方向可能是由其他部门牵引或拟定,但是你将是对公司发展最有发言权的人,希望有人能够认识到这一点。但人就是这样,总是深信自己才是最富学识或最为睿智之人。当然,这将导致大家关系紧张。而你的挑战就在于从同事的不同见解中了解公司的优势,将这种紧张气氛转化为对公司有利的形势。即使你认为他们的见解都不如你,但开放式讨论将会进一步巩固你的观点,甚至有助于提高你的洞察力。

但是,如何做到?这就是领导艺术了!如果你尊重同事,尽可能给予帮助,使他们避免陷入困境,并且在他们需要时给予支持,你的人际关系将使你的见解更有价值,并更加得到重视。和同事的不正当竞争将使多年心血毁于一旦。避免对意见不一致或难相处的同事发脾气,如果你不能抑制自己的愤怒,则尽量避免采取任何行动。

为自己树立一个可靠、乐于助人的形象,而非推三阻四或头脑发热的形象,你的职责是利用自己的专业知识对机遇进行评估。大多数情况下项目经理会参与战术层面的经营决策,因此在选拔项目经理时需要考察一些必备素质。

我刚入职不久,一个朋友兼同事决定驱车半小时至另一办公地点,寻求另一部门同事的帮助,为一个新项目选择工程师。可能我们去的时机不对,他非常生气,不停地告诉我们他有多忙,并指责我们为什么不预约(图 3.1)。但是预约这种类型的会议真的不是我们的企业文化。他发泄完后,花了 3 分钟给我们找了一堆简历,给了我们很大帮助。但是你认为生气和发脾气对他而言有效率吗?虽然他从发泄中得到放松,但是给他带来的负面影响更大。即使我们知道他是因为某些方面的压力过大而发脾气,未来也会避免跟他接触。他被贴上难相处的标签,人们将对他敬而远之。多年后仍然有人提起这件事,他对公司所作的贡献也大打折扣。千万别让这样的事情发生在你身上!

图 3.1 下一次,记得预约

(1) 是真的机会吗?——有时,客户已经想好要将合同授予某家特定公司,但是迫于联邦采购条例规定,他们必须进行公开竞标,但实际上只是走个过场,明确知道某个公司在某个特殊项目拥有绝对优势,最终可能胜出。如果你的竞标对手一贯表现良好,并拥有明显的技术优势,那么你们公司参与竞标就是陪太子读书,浪费时间和金钱;但是客户意向中的竞标公司也并不意味着占据优势——如果你的竞标对手表现不好,那么客户可能想要做出改变。所以作为项目经理,你必须拥有洞察真假机会的能力,为公司赢得利益。

(2) 风险在于何处?——最常见的风险在于你投标争取到一项合同后赔了一大笔钱。可以根据工作性质、合同类型以及公司的资质对风险进行管理。最理想的情况是客户不发布报价征询书,不要求你们为一项挑战性研究工作进行固定价格竞标。但是，客户和你可能无法探知风险回报平衡的最佳位置。除了财政风险，还存在其他风险。例如，如果这项工作比客户预计的要难，即使签订的是一份工时与材料合同，在客户眼里你的公司还是未能解决问题。这可能会影响与该客户的其他合作，对现行工作和未来争取更多合作产生不利影响。这份合同或产品的失败可能会影响到公司的声誉。或者存在潜在的专利侵害使你的公司遭到起诉。现在这些风险可以通过谈判降低，甚至降到零，具体取决于合同的措词和条件。将风险控制在可接受范围内也属于机遇评估的一部分。但是记住，想要完全规避风险是不可能的——除非你不签任何合同，但这无异于让公司关张大吉。

(3) 什么是必要的投资？——如果一项潜在的工作要求公司投入全部专家，而这些专家非常稀缺，这项工作值得争取吗？显而易见，如果你有 5 名动力电子工程师，一份合同需要他们全部加入，这就意味着近期内，至少是你招聘到新工程师前，你将其他机遇拒之门外。因此，你必须将稀缺人才投入到有足够战略价值的项目中，如建立关系和品牌、长期生产等。

(4) 谁是竞争对象？——通常情况下，这不明显或者难以辨别。取决于你的工作性质或适用的联邦采购条例，你可能能够做出一些判断或基于经验进行猜测。通常最好的方法是询问客户。他或她可能受条例所限不能回答，但是这并不妨碍你提问。通常情况根据不回答问题的方式可以对竞争性质进行一些判断。如果客户对于你的竞标显得很焦虑，说明你可能是唯一有价值的竞争者。或者对客户来说从两个竞标者中选择一个是件很容易的事情。如果这项工作对于你而言并不熟悉，而客户意向中的竞标公司更受青睐且更具资质，你所做的则是浪费金钱。你对客户了解得越多，你从客户无声回答微妙之处所获得的警示信息就越多，你在做有效阐述时就能获得更好的机会。

(5) 结果是什么？——你的追求是否值得？判断一份方案价值的标准就是公司能否获利？能够实现何种程度的利润？这份合同是否是后续工作的基础，能否实现低投入高收益？还是一锤子买卖，再无后续？

记住如果你的公司用于拓展新业务的资金有限，你应该将这些机遇视为竞争型机遇。你的判断将使公司在你作出选择前就知道后果。图 3.2 表示机遇的大门向你打开。

图3.2 基于事实进行选择

3.2 项目经理的机遇

上面我们讨论了项目经理如何为公司辨识机遇，下面我们将讨论项目经理自己如何把握机遇。

通常某一竞标的投标经理将成为项目经理。这一变化非常有意义，因为提出方案时，他是最了解工作、客户、挑战、风险和机遇的人。因此，投标经理应选择项目中值得信任的人，希望高管能认识到这一点，这是选择投标经理的前提。

你也可能因为对项目具有积极作用而被选为项目经理。但有时，由于时间、能力或预估能力的原因，投标经理不能成为项目经理。这时，另一个毫不相干的项目经理被“提供”机遇接手项目。你可能面临这种情况。这里的“提供”打上引号是因为在某些企业文化里，不能对分配给你的职位说“不”，如果你说“不”，后果难料。就像上面所提到的，有时说“不”对公司而言是最好的。一个对项目成功持怀疑态度的人无法成为一个合格的领导——如果他或她认为会失败，则更容易接受失败。选择合适项目经理关键在于选择想成功的项目经理。

几年前，我的一个同事被选去负责一个项目。他认为方案组的经费不足以匹配进度要求，但高管认为可行，他对这次机会说了“不”。几个月后，他被高管认为“挑活儿”，而另一个不“挑活儿”的项目经理被派去负责这个项目。后者从事了三年经费不足的工作，度日如年。虽然最终这位经理的努力被认可，并将金钱损失降到最低，但也不是什么职业建树。而第一个家伙去负责他认为不错的项目，非常成功。有时，说“不”并没有关系，虽然当时会觉得不舒服，但对你和公司都是最好的选择。第一位项目经理被贴上“挑活儿”的标签，从事了三年充满挑战和正能量的工作。第二位项目经理虽然“不挑活儿”，但从事了三年预算不足的工作。图 3.3 给出了你的选择：何时欣然接受，何时坚定拒绝。

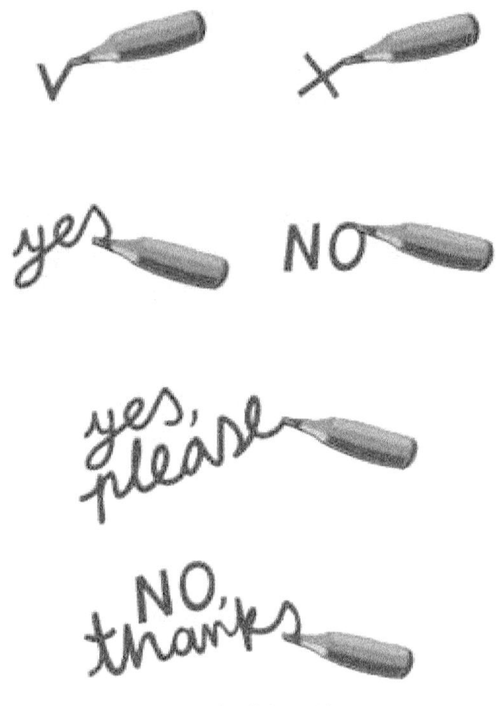

图 3.3　知道何时说“不”

总而言之，作为项目经理，你将为公司发展新业务贡献良多。为了使你的声音被更多人听到，建立良好的人际关系非常重要。好的人际关系对于你和公司的成功至关重要。最后，虽然选择最好的机会将会使你在一定范围内受限，但从长远看来，“挑活儿”对你和公司都有好处。

3.3　本章习题

3.3.1　讨论

1. 为什么你的公司想要竞标一份赢面很小的合同？例如，去竞标一份客户很满意现有供货商的生产合同。

2. 假设你有机会去管理一项报价低于市场的项目。你会考虑哪些因素后再决定是否接受这次机会？如果你接受这次机会，一开始你会采取哪些措施使你的职业生涯积极发展？

3.3.2　书面作业

1. 假如公司的传统业务是地基雷达，讨论一下如何横向拓展公司业务，例如，发展空基雷达。

2. 你是否曾见过项目经理在经费不足的情况下仍然成功完成项目的案例？如果有，请告诉我们；如果没有，请谈一下假设项目经理发现他的项目需要 200 万美元的投入，却只有 100 万美元的投资，项目应该如何进行？

第 4 章　标书准备阶段工作

找到机会了？太棒了！

在上一章，我们讨论了怎么选择正确的机会以及项目经理，或者是临时的投标经理如何辨别哪些机会能够取得成功。那么是不是确定了目标机会之后，就能放松地等待客户的询价或者招标需求(RFP)的通知，这样对吗？不，这当然是错误的做法。

在等待客户公布询价和招标需求之前还有很多工作可能会影响到后期合同竞标的成败。以下面情况为例。客户需要提升某系统的能力，这个系统你已经向其提供了数年。随着技术进步，当前提高系统能力是可行的。现在，根据该业务领域在公司的战略地位，你可以做下面三件事：

(1) 向客户非常重视的技术投入资金开展研究；

(2) 搜集竞争情报；

(3) 等待新的方案征集细节，开展竞标，并期待得到最好的结果。

你可以看到，这三种战略涉及不同程度的工作和投入，根据公司赢得这单生意的意愿，有可能会同时采取第 1 种和第 2 种措施。总体而言，第 3 种措施最弱，尽管这种作法的成本较低，但是也大幅降低了胜出的可能性。因此，这种廉价的方式可能仅仅是去白花钱。接下来，我们依次介绍上述三种方法。

(1) 投资。采用自主资金(通常称为 IRAD——内部研究和开发)实现技术的跨越式发展，最好对新技术进行演示验证，让客户相信你们有能力改进技术，达到预期的提升效果。不过，这种方法的成本非常高，而且还要凭借你对客户重视的技术特征的正确判断。显然，采用这种方法时，需要确保远期利益远大于当前的投入。然而，如果有资金支持这种方式，不仅能够在竞争中先人一步，而且在回应报价申请时，可以依靠前期投入降低价格。实际上，对于研发项目而言，这种优势更明显。因为对未知的恐惧会迫使你考虑到风险成本，而一个有效的演示验证正好消除了标书中的风险(以及风险成本)。

(2) 搜集情报。搜集所有有关询价的情报信息，包括客户最看重的东西、评估竞争方案的标准、竞争对手是谁、客户的预算以及对进度的要求等。可能有些信息都是现成的，不过在情报搜集过程中也要注意不要违反规则，注意获取情报的途径和方法。最好和最常用的方法是直接询问客户(通过合适的途径——一般是通过公司的合同部门和客户的采购部门之间进行沟通)，根据客户的答案制定策略。工程师和工程师之间直接接触，就会很危险。如果你和客户的工程师关系非常好，结果只能更糟糕。多数客户的技术人员非常善于保护其技术秘密，但是如果有人问到了不太合适的问题，而技术人员给出了不太合适的回答，就很可能会改变客户的采购计划。例如在特定项目中，你肯定非常想知道谁是你的竞争对手，但是你不应该直接问工程师，因为他本不应该告诉你，如果他不小心说漏嘴告诉你了，你和他都将处于不利境地。在最糟糕的情况下，你可能会被除名，不能参与竞标，而你的客户可能不得不取消采购计划，重新开始招标。这不是赢得项目的正确方法。图 4.1 表示的就是错误的情报搜集方法。

图 4.1　错误的情报搜集方法

当然，我们需要正当合法地获取情报信息。通常情况下，可以有根据地推测出谁将参与竞标。你可以利用竞争对手的公开信息，例如，根据竞争对手向《华尔街日报》透露的信息可以推测出他们多么重视这个项目。或者你之前就和这家承包商有过竞标的经验。如果你之前很不幸地输给过竞争对手，那么就会获得一些未中标的信息。一般而言，客户会通知未中标的承包商共有多少标的，以及收到多少投标。而且，最重要的是会告诉你中标的价格。

通常情况下，你最想得到的法律信息都是现成的。大多数政府采购项目都有评估标准，以保证竞争过程的合理公正和可审查。通过对标书的不同方面进行打分，确定一个加权评估系统。下面是一个示例：

a. 技术途径：60 分

b. 价格：30 分

c. 以往表现：10 分

了解评估标准大有裨益。例如，应该把钱花在点子上，保证技术途径合理，保证向客户清晰地阐述技术方案。虽然价格非常重要，但是如果你的技术方案得分很低，那么失败的可能性就很大。当然，这并不是说可以忽视价格，毕竟在技术方案差不多的情况下，最后还是要拼价格。（此时，对于公司以往的表现记录你已经无能为力——只能寄希望于公司以前都满足了进度和成本目标！）。以往竞标失败的经验也会对你起到一定的帮助作用。一般情况下，客户都会向未中标公司说明每一类的具体得分，而且还有可能会提供中标者的得分情况。

竞争对手的费率（单位收费）问题也很重要。当然，这些数据也是高度保密和私有的。不过还是有其他方法对这些数据进行合理估算。以往的标书在公开之后就是最好的信息来源。通常情况下，市场部门可以进行分析，或者可以雇佣咨询公司对公开信息进行深入研究。图 4.2 给出了合理搜集竞争情报的方式。如果公司决定进行竞标的话，那么就可能会专门开展“黑帽”流程，搜集竞争对手的信息。

图 4.2　合理搜集竞争情报

(3) 根据具体情况开展竞标，并希望得到最好的结果。一位市场总监曾经告诉我，“希望并不是一种策略”。他说的非常对。你要谨记，和你竞争的公司会准备得非常充分，而且会利用前期的技术投资和大量的竞争情报来对付你。如果你没有做这些工作，胜出的可能性有多大呢？实际上，可以简化竞标流程，或者利用非常低的价格取胜，但是你会非常非常后悔。人们经常说“做不成生意也比一单糟糕的生意好”，如果你很不幸有过竞标中出价过低的惨痛经历，你会特别同意这样的观点！如果你的公司对于某项合同并不是特别感兴趣，可以只做表面工作，将前期成本降到最低，主要目的是获取信息，为下一次竞标工作做准备。这种做法也一定要慎重考虑，因为技术方案没有什么特点，客户给你的印象分就会低。而且如果你评估的价格非常不准确，报价非常低，你就很可能会以低价赢得竞标，接下来的几年你就会经历无数失眠的夜晚，接受“康复计划”和“额外帮助”。因此，确定哪些竞标是你非常想要得到的非常重要，并根据具体情况投入必要的时间和经费。

4.1　通过标书准备阶段工作编制成功的标书

希望上述内容能够说明标书准备阶段工作的重要性。根据惯例，投标经理一般情况下需要为标书准备阶段工作定制预算。像之前暗示的那样，有些标书准备阶段的工作量有限，一个月就能完成，但对于想要获得战略胜利的情况而言，标书准备阶段工作本身可能就是一个小型的项目。公司很可能会要求你编制预算，解释方案的合理性，之后，就会要求你以最少的经费来完成这件事！这种做法非常普遍。有人可能称之为“挑战”，事实也是如此。你为争取预算投入的精力和采取的策略，完全取决于公司文化氛围以及有限的资金。你想要表达的关键主题当然是：为标书准备工作投入的经费越多，胜算就越大。实际上，大家也普遍认为在采购流程前期投入经费，远比在制定项目标书时再投入经费，取得的效果更好。如果能够意识到标书准备阶段的重要性的话，意义和影响非常重大。而且在标书准备阶段，也就是制定标书编制策略的阶段，只需要 1～2 名员工。而当正式的项目标书编制工作开始时，可能需要 10 个甚至更多人来执行标书准备阶段制定的策略。所以说，确定策略的合理性(即使这需要投入一定的经费)更重要，也能保证后续高效地工作。不能草率地根据一个不成熟的策略开始制定项目标书，在不完整的计划上浪费精力。

那么投标经理应该怎么支配手里的经费呢？当然，一部分经费要投入到前面说到的情报搜集上。而对于技术投资，了解客户重视什么非常重要。如果你的雷达现在能够跟踪 8 个目标，通过改进性能把跟踪目标数量提升至 10 个的成本花费会非常大，所以了解客户是否需要这样的特征就非常重要。获取这一信息的时间点需要远早于采购开始的时间点。和客户工程师交流的信息非常宝贵，这些信息能够推测出客户重视哪些技术。而且在没有开始竞标，或者没有公开相关计划时，客户会更加开放地讨论相关信息。所以，你的技术人员对于这些情报一定要非常敏感，而且要懂得利用。一种比较好的做法是将你的技术人员聚在一起，比较大家的笔记内容。你也可以站在客户的角度去考虑，理解对方的想法。你可能并不需要改进雷达让它能够跟踪 10 个目标，可能客户的平台存在限重的问题，将雷达重量降低 20 磅的意义更大。对于想要简化用户界面的客户而言，如果你为其提供更多功能反而会适得其反。

在制定策略时要谨记，客户的组织内部的意见并非完全一致。客户的工程师 A 重视的和客户工程师 B 重视的可能会正好相反。因此，预测最好的技术方案会带来第二个问题，客户的工程师 A 和工程师 B 谁的影响力更大，谁更能代表大多数人的观点？

和你得到的大多数情报信息类似，想要了解谁的影响力更大，需要和客户进行沟通。如果你和客户的工程师 A 和 B 都一起共事过，而且你还和他们的同事接触过，你很可能会了解客户决策者倾向于哪种方法。说到这里，了解什么对客户最重要一定会有好处吗？即便答案是肯定的，你和他们也很难有交集，一方面是因为管理，最主要的还是等级的原因。客户的副总裁可能只想和你的副总裁交流。如果客户公司的文化如此，你就需要自己的副总裁介入这一过程中。你可能会告知他们需要了解哪些信息，在这一层级上建立良好的沟通，而非你所希望的由你直接沟通，这对于确定标书应该聚焦的内容非常重要。

4.2　其他考虑

如果和老客户进行合作，应该可以很好地理解和把握双方关系。对于新客户而言，了解对方的预期和习惯就显得非常重要。尽管联邦采购条例中写明了政府采购的硬性规则，但是不同的客户仍有不同的期望和习惯，在确定标书编制策略的时候，要考虑到这些。还有很多时候，你并不是直接向政府部门竞标，而是采购代理单位或者主承包商。这种情况下，联邦采购条例的要求并不是那么清晰，对客户的了解就更加重要。多数情况下，在正式的采购计划之前客户会发布信息征询(REI)。客户会利用这种方式了解有哪些技术方案，以及哪些公司可以成为参与竞标的候选公司。这种非正式的信息征集活动，是了解客户需求的一个理想时机。应该珍惜每一次和客户代表见面的机会，一方面要了解客户的核心需求，另一方面要通过公司的能力打动对方。记住，客户需要时间和资金来评估他们收到的每一份标书，所以客户会控制参与竞标的公司数量。因此，信息征询环节非常重要，尤其是那些不了解你公司能力的客户。

通过信息征询和其他一些环节，客户会拟定出一份竞标者名单，之后会向名单上的公司发送询价请求(RFQ)。如果你不在名单之列，你甚至都不会知道有竞标这回事。

政府和采购代理单位的采办流程也大致如此。客户想要你成为中标者很重要。如果客户不“喜欢”你，很容易就可以把你踢出名单。不过，这里的“喜欢”并非看上去那样随心所欲，原因也是客户组织内部的意见可能不统一。在拟定竞标者清单时，有足够数量的有资质的竞标者，才最符合政府部门的利益。所以，一般不会因为你曾经踩过客户中某位关键人物的脚趾或者不小心把咖啡洒到他身上而被除名。但是，如果以往你的公司在和同一客户合作的过程中表现得非常差，又或者在限制条款和利润等问题上激怒了客户代表，不管你有没有意识到，这些因素都会导致你的公司从竞标者名单上消失。毕竟客户在评估竞标者上投入的时间、人员和经费很有限，而具有相关资质的竞标者数量却很多，所以限制竞标者的数量就是理所当然的事情。而且,你的公司在履行合同的过程中必须表现得非常好,否则就可能没机会参与下一次竞标,更不要提获得合同了。你可以换位思考客户的感受,因为我们自己也会授出某些“合同”。如果上次来给你维修管道的工人又造成了新的漏水点,那么你下次肯定不会再找他。你也不会再次光顾曾经毁掉过你最喜欢的外套或者礼服的干洗店。政府采购流程可能会更死板和正式一些,但是有一点可以肯定,如果有人不想和你做生意,那么他就不会做。你或者公司必须让客户对你的工作感到满意,而且是要持续的。

4.3 小结

想要编制一份吸引人的标书,标书准备阶段的工作必不可少。我们讨论了如何合理有效地搜集信息,包括相关的规则和策略。我们分析了如果投标准备不足的风险有多大,我们也一再强调了最重要的事情:如果你想从客户那里得到更多的生意,就必须让客户满意!

4.4 本章习题

4.4.1 讨论

1. 假设你是一个长周期生产项目的项目经理。客户想要提高该项目的功能性。但是你的管理人员认为项目仍在盈利,所以想要维持现状,而你却担心客户会去寻找其他合作伙伴。讨论这种情况并说明你会怎么处理。

2. 你的朋友在竞争对手的公司,而且双方都在参与国防部的竞标。为了更好地为公司和政府工作,你能和朋友交流相关信息吗?你应该向公司说明这一情况吗?

3. 你的老客户正在准备发布一个新项目的询价请求,而且对公司非常有吸引力。你能够从客户的朋友那里获得哪些信息?这一过程中是否应该牵扯到公司的合同部门或者法务部门?如果需要,是什么时候介入?

4.4.2 书面作业

1. 你发现一个远期增长看好的新项目,而且正好和公司业务相符,但是目前相关技术的成熟度还不高。如果你想提议开展一个大型的研发项目,以便熟练掌握这项新技术,请描述需要考虑的因素有哪些。

2. 你锁定了一个不太清楚公司能力和业务的潜在客户,你应该采取哪些方式赢得这个新客户?

第 5 章 “典型项目”的投标阶段

我们随即会遇到这样一个问题，就是“不存在典型项目”。因此，我们将讨论一个项目案例。为研究可能遇到的大部分项目类型，我们将选择可适用于设计和生产的项目案例。虽然大多数项目类型都存在各自的问题，但是涉及复杂设备设计和制造的项目本身就有足够多的问题而值得特别关注。无论是固定价格合同，还是成本加成合同，或是工时与材料合同，它们都采用了相似的流程。采用成本加成合同，虽然资金浪费的风险较少，但是承包商无法在标书编写阶段向客户提供准确的成本构成，后续有可能给自身带来问题以及合同的纠纷。

5.1 标书准备阶段的重要性

正如第 4 章所述，若在收到询价或招标需求后才考虑启动标书编写工作，通常是不明智的。应在客户发布征询需求前，就开展大量工作。而且，也正如第 4 章讨论的一样，合同一般是来自传统客户。这些传统客户如果不是多年的长期客户，也是那些有着多次业务合作的公司。要利用对客户前期的了解，把握其重点和问题。这是投标制胜的重要开始。

你的公司和你可能已经同客户建立了联系，甚至可能是多层次的联系。因此，你应该知道客户即将发出询价，并了解其内容。

要谨记：大多数情况下，客户能告诉你的信息是有限的。而你也应遵守这些限制规定。如果你事先获知了不应知悉的信息，也将是无益的。首先，也是最重要的一点，这样的行为是不道德的。你的公司必须遵守最高的行为准则，你也必须如此。而且，如果客户公司人员向你泄露某些信息，他/她个人也将面临责罚。采购流程可能也要中止。客户公司可能要任用其他人来重启采购流程。可见，通过奉承讨好客户获取竞标信息是不可能的。

所以，一方面要谨记有些信息是不允许向外提供的，另一方面你应努力得到所有可依法获悉的信息。最好的方法是去询问，但因为可能涉及敏感信息，所以最好是正式地去问询；如果是非正式的电话交流，也要请你的合同代理人在场或参与其中。同样，对方可能是一位技术主管人员，但如果他/她完全无法确定什么是可以透露的内容，你应该让业务人员介入，以便双方交流。这里的业务人员通常是指采购专员。对于你的合同代理人也是一样的，他的任务是要掌握规则并确保采购流程的完整性。

5.2 竞标与否

记住，要在询价发布之前，尽快确定是否参加竞标。显然，这是需要投入的；在大多数公司里，是否参加竞标需经过多个管理层级来确定。此时，未来的项目经理可能要承担起投标经理的职责。他要为“公司是否应该参与竞标”准备正式的意见。显然，投入到“竞标和投标”的经费和人力是有限的。管理高层需要在一些问题上作出判断。例如，竞标项目是否符合公司战略发展方向，成功竞标后获得的回报是否抵得上为投标所投入的成本，竞标成功的可能性是否足够大，以及所需的资源是否到位（人力、厂房空间等）。重要的是，你必须明确计划执行过程中的风险：资金是否足以支撑工程；所需技术是否已经具备；开展工作时是否存在法律障碍；资源是否可以获得；如果计划失败，公司声誉是否会受损。基于之前标书准备阶段的工作，你如果认为这些工作成果值得提交，那么你可能会支持参加竞标。

你的上级经理了解这些情况，因此很可能会存在某些疑虑。你甚至会感到他们都在指责你为支持“参加竞标”的决定而事先刻意准备，甚至你可能在无意之中就是这样做的。因此，你可能已经预见到即将接受挑战，那么你针对他们关注点所做的准备越充分，就越可能达到预期的效果。“设身处地”向来都是一条良好的人际关系策略。因此，要换位思考。你甚至可以请朋友或同事帮你演练，练习回答可能会被副总裁提问到的问题。（副总裁喜欢简练、准确的答案。我猜这些东西是他们在学校学到的。）支支吾吾会让人生疑，而生疑的副总裁更可能说“不”。

某些询价项目还会举办招标会议。客户通过竞标会议可以确保竞标者们最大限度地理解需求内容。无论如何，你都要参加此类会议。因为在招标会议中，你能了解其他可能参与竞标的公司，并在标书编制策略中考虑到这些因素。但可以预料的是，其他竞标公司的代表们大多不会在招标会议透露过多的信息。虽然你可能借助招标会让客户了解你们公司，但也可能将这些信息泄露给竞争对手（这会起到负面作用）。竞争对手们也明白这个道理。所以此类招标会议经常都是单向交流，所提的问题也都是无关紧要的，例如：“你需要几份标书复印件?”

如果你准备投标，不要忘记搜集案例，要从同一客户先前收到的类似标书中总结成功的经验和失败的教训。从失败的教训中很可能会总结出更有价值的经验。失败的标书几乎都包含“失败竞标者”的信息，甚至还包含一次失败的招标会议。要确保你见到那些标书的完成人，并找出他们曾希望在投标前就能掌握（或者是创造出来）的内容。

5.3 制定策略

如果你获准提出方案并为编制标书争取到预算，那么真正的工作就开始了。通常你可能已开展类似的项目，而这份标书将成为额外的工作。即将与你共同完成标书的其他人员也面临同样的情况。请记住，即使你对即将到来的竞标有所了解，但招标需求或询价何时发布也是无法预测的，何时获得许可和拨款更是无法预知的。因此，准备标书的时间通常是很紧张的。不过，具体情况还是要取决于你的资历，以及公司的规则和传统。你可能因额外工作得到补贴，也可能没有，但能够规划自己未来工作似乎足以弥补上述额外工作的辛苦。

因此，如果能说服你的上级相信这项竞标是应该开展的，那么你将处于一个非常有利的位置，为你的意见应用到标书中开好头。在你向上级领导汇报过程中，你必须阐明你的公司为什么会赢。这可能包括以下内容：

(1) 了解公司拥有的领先技术(包括专利和商业秘密)。

(2) 了解公司的计时工资比竞争对手更优惠。

(3) 有来自其他项目的、可借鉴的工作成果。

(4) 有固定资产(如电子元件表面安装印刷线路板组装线)，可以在内部完成制造，而竞争对手需要通过合同外购。

记住，当你需要分包合同时，你就可能陷入成本劣势。你必须向分包商支付其成本和利润，然后再考虑你自己的行政和管理成本，以及自身的利润。因此，只有在内部无法经济、高效地完成某些产品和服务时，才考虑进行分包。

(5) 你可能知道你的客户因为一些有形或无形的原因而青睐你的公司，一般是在以往类似项目中的优秀表现。

在大部分的大型采购中，选择标准是给定的。得分点可能如下：

(1) 技术路径或技术内容。

(2) 项目管理经验或诚信度。

(3) 以往表现。

(4) 价格。

(5) 计划进度风险低。

(6) 技术风险低。

(7) 采用小型企业。

利用你对采购内容、客户和较早讨论的评分标准的了解，你要制定一套“制胜策略”。简而言之，就是“我们应如何编制标书，才能赢得合同?”这个策略包含经济与非经济内容。一些选择标准可能看起来超出了你的控制。例如，以往表现：如果你同该客户早前签定过 10 个合同，其中 8 个完美，但 2 个失败——那就要照实说吗？答案是否定的，不能那么说。你的标书应该重点说明为什么此次项目同以往 8 个成功项目相似，且不同于以往那 2 个失败项目。如果你能让客户在评估“以往表现”时以 8 个成功项目为主要依据，你在这项评分中就能得到全部分数。

对照选择标准，真实客观地评估公司的强项和弱项，你就会清楚标书中应该强调哪些方面，弱化或减少哪些内容了。但是编写一份成功的标书仅仅依靠聪明的写作技巧是不够的。要赢得合同，你可能还要调整工作模式。例如，若价格重要（几乎一直都是这样），你可能需要想办法降低成本——调整资本划分、减少制造成本、优化人员组成、确保人员能力与岗位需求相匹配，也就是多提及那些资历尚浅的工程师（意味着费用较低）和外聘工程师（对于某些工作，外聘工程师的管理费用会低于其他内部员工），制定一套具有成本优势的“制造或采购”策略，或者强调你的采购部门可以拿到九折优惠（并确保该部门真能拿到！）。

赢得合同不仅包括编写最好的标书，还包括如何制定工作方法来获得最佳价格。你应该“掌握”这套制胜策略，但这不意味着你需要自己来制定它。实际上，独自规划“制胜策略”不是个好主意，原因如下：

（1）一个人再聪明，也不如大家齐心合力做得好。

（2）如果你需要公司其他成员帮助，那最好是让他们成为战略制定的参与者。（记住，所有人，包括你自己，都是最喜欢自己的想法。）

5.4 制胜价格

如前所述，价格如果不是你投标的关键部分，也应确保它是一个突破口。因此，上层管理人员经常会建议或要求计算出一个“制胜价格”。而“制胜价格”常常不是由投标团队完成，而是由一个独立个人或团队完成。而且“制胜价格”常常是弊大于利。上层管理人员可能将大部分希望压在“制胜价格”上，这样做是很危险的。“制胜价格”实际上根本就不是通过计算得出的结果，而仅是一些有点把握的猜测而已。

通常“制胜价格”是由营销部门负责。“制胜价格”的制定一般是利用公开信息（如以往类似合同中透露出的客户人工费率）和对竞争者策略的掌握。营销部门制定出的“制胜价格”有自身特点！“制胜价格”的制定过程非常严格，因此在标书编制中显得尤为重要。定价太高，就无法给出成本最低的标书。定价太低，就要在公司内部准备高风险的降成本策略，而且你可能最终得到的是拨款不足的合同。（合同价格过低将导致项目在整个周期中处境艰难，这是一种非常糟糕的主意！）。作为投标经理，你应该让“制胜价格”保持在你和高层的预期范围之内。你应该评估“制胜价格”中有多少猜测成分，并要减少你和高层对这些猜测成分的依赖。不过，虽然一些标书拿出了“制胜价格”，但还是输在了价格上。

5.5 领导投标团队

记住，标书编制工作很像一个小型项目，其产品就是标书本身。标书由专门的团队编制。投标经理的任务就是领导专门的团队打造出成功的标书。这份工作同项目标书获胜后项目经理所做的工作相似。因此，标书的成功将为投标经理成为项目经理提供优秀资历证明。

完成标书编制预算后，首要任务是制定一份工作分解结构图和投标计划进度。投标存在截止日期，这是绝对不能违反的。如果错过这个日期，你的标书将不予考虑，你和你的团队的所有工作都将是徒劳。因此，制定合理的计划进度非常重要。制定计划时常存在的一个问题是，没有足够的评审和修改时间。图 5.1 给出了一个典型(简化)的计划表，并说明了这种需求。你可从中发现，标书编制几乎一半的时间都需要花费在评审和问题整改上。(随后将探讨历次评审的实质与目的。)

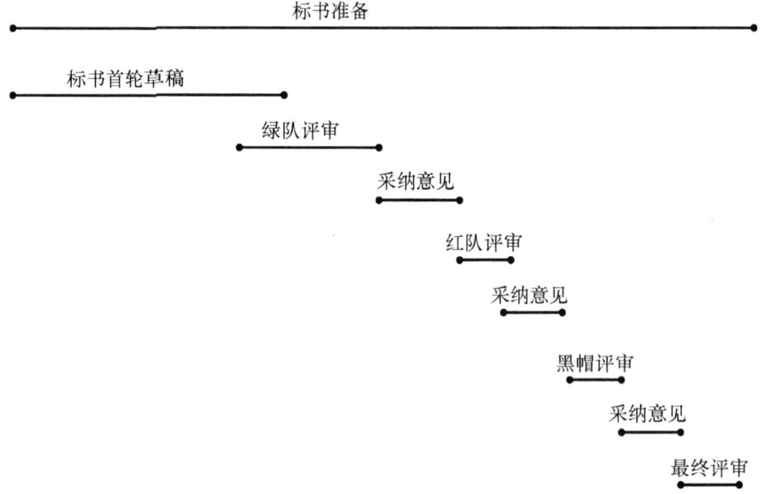

图 5.1 顶层标书流程(关注评审和修改时间)

接下来，你必须制定一个投标框架。采取什么形式？主题是什么，比如大量相关经验、技术专长、生产能力，同类项目的成就等。有足够的说明吗？案例？图表？需要专业的图表吗？

询价说明书中经常包含一些规定，如要求项目管理、技术文件和定价内容等部分要单独成册。公司可能留存了一些标书样板，这些样板包含了设施、能力等内容。这些内容对于标书的编制是宝贵的资源。(一定要详细阅读；其中可能还有针对不同客户的留存文件——甚至，还提到了原来客户的名称。)

5.6 组建团队

规划投标的同时，你还得着手组建团队。作为投标经理，你要依据公司的规模、文化、工作量来调整对项目团队成员组成的控制程度。要尽力得到工作能力最强的员工，要考虑到他们能否彼此尊重并共同工作。所有项目的成败在很大程度上都取决于参与其中的人员。投标的成败事关公司的发展甚至存亡。因此，你应该调动最优秀的人力资源。(实际上，一些公司有一支专门的顶尖团队负责投标。但这样就存在一种风险，即客户在投标阶段同顶尖团队合作，随后却沮丧地发现这支顶尖团队转头投入到下一项投标工作，而一些新人，甚至可能不是同等优秀的团队来接手项目。这种工作方式可能看起来就像是“诱饵推销”，在开始阶段让顶尖团队作为诱饵。不过，让重要的投标成员，特别是投标经理，成为项目执行过程中的主力，似乎是一种更好的做法。)

你的团队将在标书的规划中提供帮助——他们在标书规划中参与得越多，他们工作的质量就越好。原因在于从情感上而言，实现自己的想法要比执行被他人强加的想法更具吸引力。让团队实现自己的想法是最重要的一条效率领导法则。同其他团队任务一样，分工和责任划分清楚是重要的。这不意味着成员必须坚守岗位，不交流想法——远远不是这样。大家必须明确分工。否则，最后你会发现规划存在很大的缺口。

你策略的一部分是要在团队的帮助下来判断标书是否符合询价要求。这常常是一个令人担心的挑战。有时客户可能会提出一些性能、系统或布局方面的要求。而你从技术角度上却无法认同这些要求。有时，客户可能提出质量或其他资源方面的要求，这可能导致采购成本过高。或者在行政管理方面，一些责任条款和/或支付条款非常不利。你可以在标书中反对这些要求，并清楚地说明这些反对意见。但这样做也不是没有风险的。评估小组通常认为你的反对意见价值不大。因为你可能不了解你所反对的内容在客户那里的意义，所以你可能将你的标书置于未知的危险境地。而且，如果反对意见涉及客户的绝对利益，那么你的标书可能真的会被视为不符合要求而被弃置一旁。

对于你和客户而言，最好的办法是针对这些问题展开对话。你的反对意见和陈述也常常会被竞争对手获悉。你的对手可能会从你的反对意见中获悉你的策略或你公司的实力。如果你的公司存在不足，你的竞争对手就会夸大这些不足，并在其标书中宣扬他们公司在该领域的独特优势。

因此，一些观点认为应该尽量少提反对意见。但有更多的观点认为应该利用提出适当的反对意见来接近客户，并借此了解客户看重什么，虽然这样会把自己暴露给竞争对手。而通过查看竞争对手的反对意见和陈述，也可获取有用的信息。

5.7 标书准备——展板和团队动态

制定标书的"展板"是确保整个团队朝同一方向努力的有效方法。尽管"展板"在当今的电子时代似乎过时了,但这在编制标书时仍是一个有效且应用广泛的方法。总之,这种方法就是把编制标书当做一个故事,像动画一样来编制展板。(在表达想法方面,图片比语言更有效,语言在表达想法时常令人困惑。)将展板放在会议室的墙上(交流思想的地方)。一段时间内,投标团队将在这间会议室里工作。虽然你可能无法提供让整个投标团队在同一个地点办公的条件,但是这个"交流思想的地方"为在同一地点搜集信息和直观展示项目进展状况提供了便利。每张展板都将展示标书相应部分的规划。团队成员在开展各自工作的过程中,可以在展板上增加想法和建议。这种参与形式会催生出一些有意义的想法,并让团队形成项目归属感。为了确保各个主题结合起来形成标书,展板是一个简单的方法。这种做法能增强客户的采购意愿。展板还能跟踪团队的工作进展,确保各项任务能够被领会和执行。建议举行每日例会,让成员介绍工作进展并提出所需帮助内容。你可以提供指导,并与团队分享你在评估进展和成本管理服务方面的工作成果。

发现和利用团队可能获悉的对手缺点也是编写标书的重要方向。如果在谈论到竞争对手时说:"众所周知,A 公司在系统工程方面欠佳。"这种做法轻则被看做粗鲁,重则会被当做恶语中伤。你应当说自己公司在工程系统方面如何具有实力。因为你的客户可能会了解你对手的弱项,所以他们会自然替你将这些信息联系在一起的。你的客户乐于听到你们对自己在这些领域的自信。这叫做"对比"竞争,如果有效地利用这个办法,通过把自己的强项与对手在同一领域的弱项进行对比,将提升你们在客户心中的形象。如果对手确实在某个重要方面薄弱,那么你在这个方面的实力要在标书中提升到主题层次,并在展板上适当地展出,随后还要在标书中多次以文本形式予以说明。

5.8 定价

在编写标书文本的同时,你无疑还要带领团队开展另外一项重要工作——为合同制定适当的价格。你需要准备一份详细的"工作说明书"——一些招标需求有时会为你提供这种文件。这份说明要准确地解释为完成合同必须做哪些工作。在大多数的组织结构中,这份工作说明书给各职能组织结构列出了任务。从概念上来讲,工作说明书应明确各项工作,这样各部门能够准确地知道应做什么,并能提供准确的报价。随后,利用现行费率对这些职能部门提供的评估结果(工程、操作、材料、试验、质量等)进行定价,再加上利润。这样,你就得到了一个预期价格。如果赢得合同,那么各部门将获得拨款(预算)来完成他们列出的任务。

从理论上讲,这非常简单,但实际上则远不是如此简单。即使尽心写出一份清楚明了的工作说明书,也难免存在一些猜测的成分。职能部门可能以此作为估算不准和未适时响应的借口。后期如果竞标成功,职能部门可能还以此作为绩效欠佳的借口(他们可能会说,“工作说明书没阐述清楚”)。(这些借口可能是无意的,也可能是有意的。这个问题不重要。重要的是要尽力把工作说明书做得清清楚楚。)作为这项工作的负责人(而不是“经理”),你要预防出现这些问题。你该怎么办呢?

现实中存在一些“批评文化”的案例。在批评文化下,每个人都确信他/她会被“连累”。作为负责人,你应该打破这种防御行为的负面作用,创造一种“我们都参与其中”的环境。局部文化转换的难易取决于公司文化和项目参与者的个体性格。这也是你想要最优秀的人员参与项目的另一个原因——远离防御型、对抗型,欢迎合作型、团队导向型。然而,其中的一些文化是在过去形成的。在过去,交流方式可能就是对抗,控制手段可能就是惩罚。虽然大多数成功的公司现在正摆脱“批评文化”,但是其传统还是植根于以往的高压时代。作为负责人,你所能做的就是利用自己的行为和对团队人员的选拔,创造一个互相支持、乐于合作的局部文化。在选拔团队人员时,要选择那些更注重成功合作,而非以牺牲其他团队成员为代价来表现自己的人。(这种有害行为一经发现就应从队伍中予以清除。)

因为价格是制定出来的,所以团队属性延续具有重要意义。如果竞标成功,标书中涉及的工作将成为各部门的任务。“得过且过”是人类的固有惰性。但是这样的结果却是大家都“好过”了,而公司却丢掉合同。除非你建立起一个真正的团队环境,否则每个部门都会提出很多要求,并希望其他部门能够更积极些。你必须带领团队,突破这种“自私的自我保护行为”,从职能部门的同事那里得到一个公平的报价。完成这些工作后,还要确保上级领导不会给标书增加不合理的高利润率。虽然我们都想获利,但是过高的利润加上相对高的估价很可能导致失去合同。

5.9 定价策略与风险管理

因为标书是根据未来的合同执行情况来估算成本花费的,所以可能会有一些偏差。此外,在一个长期的项目中,可能会在合理的价格之外存在商量的余地,当然这也会增加资金损失的风险!你的工作之一就是要界定这些风险和机会。有些公司会特意为这些问题制成表格加以分析。如果你为这些风险和可能设定了金额,那么决策者们就可以确定他们将以何种积极的态度来争取合同。一份可能附加了额外的工作和/或资金的低风险工作，对于上层管理人员来讲更具吸引力。此类工作可能会带来更积极地报价，例如在议价时附加上较低的利润百分比。另一方面，因为赔钱的买卖从来就不是个好主意，所以对那些不容乐观的高风险项目而言，应采用高利润率来弥补其遭受的风险和应对压力。

国防部的合同常采用联邦采购条例。在这些合同案例中，为了赢得合同而进行错误报价的行为是违法的，而“随意修改报价”的策略也是完全不允许的。记住，诚实是赢得合同的最佳策略，且是唯一的策略。虽然依靠玩弄小伎俩而赢得合同似乎更具有诱惑力，但是相比起诚信（或进监狱）而言，获胜则显得微不足道！

5.10　评审

假设你通过了所有的考验，完成了标书初稿，那么现在你就要拿着这份草稿进行修改，以获得标书终稿。这需要经过一系列的技术和管理评审。

你可能面对的第一个评审是绿队评审。评审人员是未参与标书编写的同事和顾问。理论上，你可在评审人选上提建议。你对这些评审人员信任度越高，你就会越重视他们的意见。评审人员应以合作、适宜且有益的方式开展评审。实际上，评审人员甚至能为标书本身做出贡献。但是，与标书将要接受的所有评审一样，绿队评审中也有需要指出的问题和其他发现。作为投标经理，你掌握着最终的话语权。但是如果你忽视他们所提出的建议，那么你将是愚蠢的。你要带着你的团队一起来消化吸收这些评审意见。这可能是另外一种形式的领导力挑战。你的团队可能不同意评审意见，而你的工作则是要理解他们的反对意见，给出一个解决方案。在万不得已的情况下，你要提醒他们——“我是这个项目的投标经理”——但是你一定要避免使用这种直接的方式——多站在团队人员的角度去考虑他们的感受，并且要考虑清楚这种“领导态度”对于你所热爱的标书会起到什么作用！

当绿队评审的意见被吸收采纳后，就要开展下一个评审：红队评审。这个评审在内容方面要更具挑战性。评审人员级别更高，由上层管理人员选定。评审意见应该是毫无保留的。此类评审中的一些咨询顾问可能来自公司外部。所以鉴于未来的合作可能，这些咨询顾问的观察意见可能要柔和些。当你拿到红队评审意见时，你可以想象得到更多的、来自团队的抗拒。然而，你毕竟还是投标经理，对标书质量负直接责任（或者在某种程度上，对结果也负直接责任）。因为红队评审成员可能是由你的经理挑选出来的，所以你不考虑他们建议的可能性降低了。此处发生的分歧将再次为领导力提供一次用武之处，只不过这次是上一级领导的领导力。

红队评审意见被接受采纳后，你或许以为标书可以提交了——但你常常可能要再接受一次评审——黑帽评审。这次评审再一次把外部专家请来。他们将从竞争对手/客户的角度评审标书。（有时，黑帽评审作为标书的决策一竞标阶段工作的组成部分。评审的具体时间安排和形式都取决于公司的预期、未来形势以及投标经理的建议）。理想的情况是，评审者将要带来关于竞争者优势和劣势的信息，以及对你们组织机构的全面认识。你应当根据上述认识来修改标书。这些评审建议甚至会影响到你的制胜策略。但如果在标书即将完成的时候发生这些，那么任何改变都可能需要大家加班——也许你和你的团队要加班熬夜了。但这就是现实！

乐观的话，你现在对图 5.1 列出的标书流程会心生感激了。评审本身及其建议的消化吸收都需要时间。你必须在标书编制开始的时候就为评审工作做好计划，否则就会在急促和混乱中失去评审的意义。

鉴于收尾阶段的匆忙，在递交标书之前一定要认真阅读标书所有的最终文本。整个过程中，所有地方都有可能出现编辑错误。不要假想检查人员能阅读到每一个单词。如果你不打算自己最终检查一遍，那么你要确定你把这项检查任务交给了熟悉任务的人员(让其进行 100% 阅读)。这个人要拥有足够的语言能力，可发现并改正语法和拼写错误。

我在事业初期曾负责编写一个控制系统技术分册的部分内容。这个控制系统是一个计算机系统。该系统需要高可靠性，其设计包含了大量的冗余。文本的一部分长篇累牍地夸奖设备的内置冗余性。而充满讽刺的是，终稿的打字员可能被大量使用的“冗余”一词给欺骗了，不经意地多复制了一大段描述文字。我校对时有趣地发现我们的文本在介绍冗余时竟然也是冗余的。我圈出了这个错误，并在空白处写上编辑注释“我们的语句也是冗余的！”然而，打字员并没有领会我的意思，而是留下了那个重复的段落，并加上了那条幽默的注释——“我们的语句也是冗余的！”作为增加的文本。我原本以为已经找到错误，并给打字员发出了明白的指令。因为电子邮件截止日期临近，所以在没有经过最重要的终审的情况下，那部分内容被打印出来并提交了。当标书已经在发送的路上时，我看见文本才发现错误。啊！所以，我们没有赢得合同。不过谢天谢地，原因在于我们报价过高，而不是因为我没有最终通读文本！（虽然失败不好，但是我深感侥幸，因为我的失误不是失败的原因！）图 5.2 给出了这个倒霉的投标经理没通读一遍的标书终稿。

如你所知，编写标书是一个复杂且漫长的过程。当然，这个过程与标书的规模成正比。相比起十万美元的标书，数百万美元的标书当然需要更多的工作。但是二者的编写原则是一样的。通常情况下，你想要召集最能干的成员来帮助你准备标书，想要能干又诚实的顾问来帮你完善标书，还想邀请挑剔又受欢迎的批评家们，以及有洞察力且学识渊博的评审专家。对于小型标书，直接参与人大概是 3 或 4 名；而大型标书，参与人总数可达数百名。你的管理范围一般是在这二者之间。但无论规模如何，你的领导力和热情感染力都可能关乎成败。

图 5.2 标书终稿审核的重要性

5.11 业务评审——审批流程

标书在文本定稿期间，还要接受其他评审。在公司提交正式的标书前，你必须得到公司保证一旦赢得合同就会执行的承诺。这通常都是一个正式的流程，也许会涉及高级管理。这个过程常被称为“审批”。公司大多会建立一些流程，该流程与审批的资金额度和/或公司预期风险相匹配。预期风险涉及合同责任、第三方责任（设备引起的破坏或伤害他人）、名誉受损等。标书的条款常由客户规定，由你的团队来评审。你的团队可能就条款进行协商。这些标书的条款需要接受分析，并得到认可。你的合同和/或法律文件可能会牵引这类评审，但同标书的其他部分类似，对于可能出现的问题，最终还是要由你来解决。

通常情况下，到审批流程时，你已经把你和团队成员们的心血，汗水和眼泪都倾注在这份标书里。你和团队成员都急切地要上交标书。你已经竭尽全力地去维护公司，管理客户预期，编写完美的计划和策略。这份策略不但包含“怎样赢得合同”，还包含“怎样完成获得的合同”。你已经认真思考过询价文件，并采取了必要的措施，做出了必要的澄清。你以为自己已经 100%地“完成”了这份工作。

你的上级明白这些，并可能担心你的热情也许会影响到你对风险的判断！因此，部分审批流程由上层管理人员完成。他们要确信不存在隐蔽的风险，而且你的热情也没有不恰当地降低风险。只有拿到他们的签字，你才能继续开展下一步工作。对于那些在决断能力方面声誉受到质疑的大公司里，情况更是如此。这些公司近期可能花费了大量的资金来解决类似项目中的问题，而其经历却令人遗憾。包括你在内的所有人都不希望提出损害公司的项目。你也许经常听到“做错还不如不做”这句话。确实是这样。在获得标书提交许可前,你应该接受严格的检查。

在一些公司,依据资金额度或涉及的风险,你需要接受多轮审批流程。在第一轮和第二轮审批中,你可能是提交者。但如果文件传递到更高的层级时,你的经理或者更高层的经理可能会在后续的审批流程中负责汇报。在高层范围内做汇报,会让人非常紧张。你的上级可不希望在递交的标书中存在错误或疏漏。所以,你应该进行更多的检查。

就像在标书草稿阶段,为进行评审和改进,需要尽早完成初稿一样,在审批流程中也需要采取同样的策略。通常审批流程是由合同或业务管理部门来安排。但是你要确保其中的大部分材料由你负责,而且你还要在扫清障碍后负责标书的顺利递交。记住,公司层管理人员也希望标书能按时拿出来,他们也希望赢得合同。但是,他们都把自己当做“最后一个把关者”。他们要确保所递交和批准的标书不会给所有参与者造成长期的困扰和折磨。他们可能担心(而且可能由于一些近期的经历)副总裁说“究竟是谁签了这份合同!”在这样的场景下,经理们都不会举手。所以,你要明白“小心谨慎”是审批流程中的至理名言。

5.12　非竞争性投标

上述过程是竞争性投标所特有的。客户根据竞争性投标来确定哪家公司最好、成本最低、可完成所要求的工作。

与此相反,公司可能还会受邀参加一些非竞争性的投标。在这种情况下,客户出于一些不可改变的原因决定采用你们公司。这是一种极好的情况。客户了解你们公司的实力,并对获得公平的价格非常有信心,所以客户从一开始就选择了你们公司。也可能情况是,你们公司因为拥有某种专利或“技术秘密”而成为客户的唯一选择。

在这种情况下所面临的挑战同竞争性投标是不同的。你的标书必须增强客户的决心,并加深可能已经存在的信任关系。如果让客户感到你在利用垄断优势使客户的利益受损,你就很可能失去合同。所以,要尽量提供最优的人工费率,并制定计划将最佳人选投入到这份工作中。保持独家供货地位,绝对物超所值。这种信任关系值得你努力,值得你去关注客户的需求!

标书经常是列出了你的工作计划,而签署合同大多是要确保不存在“工时与材料合同”中可能的隐含义务。因为不用处理“竞争公平”相关问题,你和客户在投标期间的对话可能会相对自由一些。你和客户可以更自由地制定有利于双方的工作计划和预期目标。当然,你的客户不可能是一时兴起就想采用独家供货招标需求。

合同方采用独家供货的决定实际上可能会引起其他竞争者的质疑。你和客户在合同谈判期间要把这个可能的问题记在心里。合同仅是为你们双方的诚实和合理行为再提供一个保障。

5.13 赢得或即将赢得合同——最终协商阶段

让我们再回来研究我们之前一直在讨论的竞争性投标流程。这种合同类型更为常见。假设你已胜券在握，把一份具有成本竞争力、技术吸引力的标书给客户。此时，客户可能决定采用你们公司的标书，并发出采购订单或授出合同。在你提交的文件中，客户为评估标书还会提出一些问题。出于公平，有时也是出于客户内部关于确认使用联邦采购条例需求程序的要求，客户常同所有符合资格的竞标者进行一次会谈(所有被认为是具有能力的且符合条件的公司)。之后，客户才会确认最佳的，也是最终的报价书。这是一个良机，可以再度考量你所做的一切！你可以修改错误。如果风险似乎更少或者竞争似乎更激烈的话，你可以减少利润。虽然这可能是一段紧张时期，但是也接近终点了。

递交材料后的工作可能涉及两家或两家以上的“决赛选手”——客户会接收两份最好的材料。因为评估那些显然获胜无望的公司需要花费时间和金钱，所以一些缺少吸引力的标书会被放到一旁。客户将针对最终入围的几份标书开展工作，决定哪份是最佳的方案。这些会议和相关工作显然是重要的。如果你就是最终的入围者，那么离最后的胜利或失败就只剩一步了。如果妥协是必要的，那么你和你的公司应该谨慎考虑这个问题。(不要独自做妥协——对于客户可能提出的额外要求，要确保职能部门人员和/或上层管理人员的参与。)

对于已提交原始文件所发生的任何变更，你都需要进行分析和通报。在一些公司，投标经理可能有一定的权限，有时可能达到 10%，但是即使你有这个权限，你可能也希望能同你的管理层共同来使用这个权限。如果你在一项棘手的项目上获得了 15%的利润，那么你将成为英雄。但如果是 5%，那么你可能会后悔在最后的谈判中让出那 2/3 的利润。

5.14 完善合同

假设你的标书被选中了。下一步应该是安排订单或授出合同。然而，这可能还不是最紧迫的事情。客户常常可能还要再召开会议(或者交换文件)来证明双方已明确合同范围。为全面确定相关事项，需准备详细的需求文件、明确的工作说明书、具体的交付细节、清晰的时间表以及条款和条件等。在投标阶段，你常常按客户事先提供的格式编写澄清和免责文件，每个文件通常是采用书面形式并经过客户签字。这些文件常由负责的工程师或相应的采购官员予以回复。尽管双方努力去讲清工作内容,但还是会发生沟通不畅的问题,尤其是在一些复杂的采购项目中。因此,常要举行“授出前”会议。这又是一次机会,可以同客户建立融洽的、互相尊重的关系。但在讨论过程中也有可能出现令人烦心的意外,客户可能提出更多的要求(工作、报告、分析),这些要求可能超出了你的预想和报价。这可能是一次紧张的会议。客户对你和你的竞争对手进行公平权衡后选中你。如果存在很大的分歧,整个项目可能需要重新招标。可能除了你的竞争对手外,每个人都将为此感到遗憾! 要完成交易,可能需要做出妥协。这时,你要非常谨慎。你能感受到自己想得到合同的愿望是如此强烈! 此时,无论条件多么诱人,你都不能接受巨大的成本损失或风险。你还可以邀请你们公司的上层管理人员参加。这样,他们就不用事后再质疑你在谈判中放弃的条件了!

这也是同客户一起工作的机会。如果客户在某些方面的要求超出了你的预期,那么客户可能在另一些方面要求的会少一些。这就是谈判协商的本质,即找到那些对自己危害不大的、可以做出让步的问题,同时找到客户比较容易让步的问题。双方都满意的谈判才是成功的谈判。不公平地利用对方的弱点只能催生出不满,大大地减少双方合作应对项目未来挑战的可能。

谈判工作结束后,你可能最终会获得通过长期努力争取而来的订单或合同!一定从头到尾地仔细阅读合同,还要让合同部门阅读。虽然客户不太可能试图去“忽略什么”,但是很可能存在小差错。当拿到合同,你就必须检查并接受合同,这一点非常重要。因为,一旦接受合同,就意味着你认可了订货合同中的条款,且只接受这些条款内容。订货合同通常都会代替非正式的协议。你可能还需要签字认可订货合同包含了所有的协议条款或理解备忘录。不清楚的事项和通过谈判解决的事项需要在订单或其附件中正式涵盖并予以文字体现。即使你“信任”客户技术人员的言词,客户也可能无法确保遵守非正式的“说明”,或者客户的代理人还可能被派到其他项目,而且实际上(从法律角度而言)各方应遵守订货合同要求。

5.15 如何面对竞标失败?

我们已经花了一些时间来谈合同收尾工作,以及如何达成和编制清楚明了的协议。但是,你不能期望赢得所有的合同。原本以为志在必得的项目,并为其调派人手,你还将这个项目当做公司(和你个人)未来的工作重点。然而事情最后却不是这样。这实在不是一件令人愉快的事情。随后怎么办呢?

这时最重要的事是要弄清楚标书为什么没被选中。联邦采购条例对“失败竞标者信息”有要求。你至少可以借此得知项目征询了多少份标书,提交了多少份,谁是获胜的竞标者。你还会获悉合同的价格。

但是除了这些正式公开的细节外，客户常会邀请你来一起思考你未被选中的原因。对于那些与你保持着良好工作联系的，并期望未来合作的客户尤其如此。他们常会透露他们的评估程序，也许还会透露你在各评估项中的“得分”——评估项包括技术内容、项目办公室和价格等。标书的这种外部印象是非常有用的。这是你们公司与竞争对手相比较的直观印象（至少是在这个项目中）。如果你是投标经理（就如我们之前一直假设的那样），那么你对标书应该具有深入了解。因此，你对于竞标失败的认识是具有价值的。为了从客户会议中获得最大的收益，公司可能要求你写一份“经验总结”报告，还可能要求你正式地或非正式地汇报你的团队以及管理工作。毕竟，你的团队在投标工作中付出了很大努力，你也希望尽量从失败中有所收获。

而且，作为团队领导，不要忘记感谢团队成员们的付出。他们对团队失败原因也非常关切。你也应该及时地、坦率地告诉他们。他们中的一些人和你一样，也会感到难过。而你唯一能做的是给出一份坦率的检讨，检讨这次投标工作中的得失。

当你的同仁们（或者你自己）开展新的类似投标工作时，尤其是针对同一位客户时，一定要花些时间来思考以往的失败案例。一定要和下一位投标经理分享你的经验和教训。这份帮助可能就会关系到下一个项目的成与败。为争取到战略性的胜利，就让这次失败成为一次战术性的失败吧。

5.16　如何面对不公正的竞标?

随着你对竞标程序和中标方的了解，你可能认为竞标在某些方面存在漏洞或不公平。例如：

你的竞争对手掌握了不当的“内部信息”。

你的竞争对手故意报低价，并打算随后“补救”。

你的客户在标书评估中出错。

竞争对手的报价中存在一些虚假表述。

或者，招标过程中存在其他问题。

如果你认为自己具有足够的证据来提出正式的抗议声明，那么你应该谨慎行事。作为投标经理，你或许是公司中最可能了解或怀疑存在不正当竞标的人。然而，与公司法律部门磋商的上层管理人员才能决定是否启动正式抗议程序。提出抗议是件棘手的事，如你所想象的那样，抗议行为会疏远一些现有客户和潜在客户。然而，要提醒你的管理层，要让他们注意到不当竞标的蛛丝马迹。如果竞争对手是通过不当行为而赢得合同的话，那么形势还可能改变，并进行重新招标，从而扭转失败的局面。

5.17 本章习题

5.17.1 讨论

1. 你的潜在客户宣布为现有的、复杂的询价项目召开招标大会。在你准备会议时,你认为你的目标是什么,需要注意什么?

2. 假设策划制胜策略是你的工作。你会从哪儿下手?应该如何协作?

3. 作为投标经理,你的营销部门给出了一份“制胜价格”。很好!现在你应该做的就是让你的价格达到这个水平,是这样吗?真的是这么简单吗?

4. 讨论投标愿景和主题信息。(记住,你可能负责编制愿景的任务,但是你希望愿景属于整个团队。)

5. 在价格制定过程中,一些部门看起来过于激进,而另一些部门显得过于保守。你如何向他们发问和/或评价自己对他们评估范围的意见?

6. 你为准备审批流程,即将要向上层管理人员提交你的标书。你的公司对这种评审工作有预定模板,而你的工作就是要去告诉别人标书为什么值得提交,价格为什么是合理的。除了预定模板外,你能做什么来确保顺利通过审批呢?

7. 假设你提交了标书,并做了最后的修改。你的公司要面对另外两家竞争对手。你要编制一份最佳且最终报价。在这个环节,应该考虑哪些问题?

8. 举行一次模拟的“合同授出后”会议,预设前提是:客户担心投标人试图找到技术规格书中的漏洞,而投标人担心客户的预期超出了事前规定范围。

5.17.2 书面作业

1. 一些信息会影响到“是否参与投标的决策”。请给出搜集此类信息的有效方法。为搜集标书和竞争对手战略相关信息给出一些合法途径示例。什么样的措施或行为是不道德的?

2. 假设你的潜在客户还没有明确选择标准。对于他/她而言,标书中哪些问题可能是最重要的?是否存在适当的方法可以研究或推测这些问题是什么?

3. 你的投标团队正在组建。但是你对人员安排的话语权有限。你在工作分配方面可以采取什么办法?

4. 为你选择的项目案例建立一份“风险记录”。在实际的投标工作中,你将采取什么措施或战略来识别和评估这些风险?

5. 逐个介绍标书将接受的评审(绿队、红队、黑帽)。各次评审的成果是什么?你如何设法将这些成果介绍给你的团队?如果你和/或你的团队不同意评审者的意见,怎么办?

6. 假设你在一个复杂项目的竞标中被选中,客户要举行一次授出后会议。你在此类会议中的目标是什么?

7. 如果你的标书被拒,并被竞争对手取代,那么为了知道为什么失败,你应采取什么措施? 你如何向你的团队、上级传递批评意见,特别是一些非常直接的批评意见?

8. 如果你竞标失败,你的公司在什么情况下应该提出正式的抗议? 此类行动有效或无效的依据是什么? 如果客户还是公司其他项目的客户,那么抗议对双方长期合作有什么影响?

5.17.3　小组项目

针对公司一般业务项目,为一项设计计划制定展板提纲。制作展板并在部门内展出。

第 6 章 项目的规划和启动

现在你已经赢得了合同，甚至可能还进行了庆祝，是时候开展实际工作了。你准备标书时所做的工作将是项目的起点。标书中包含进度、计划、估价、风险和机会。理想状况下，特别是在竞标前后都未做商讨的情况下，标书中的计划将作为项目组织和运行的基础。有些公司要求在项目竞标的过程中提出详细且经过严格评审的计划，如果赢得项目，这对于项目的启动是非常有价值的。但是，如果你竞标失败，这实际上是浪费精力。在大多数情况下，标书是非契约性的，一般由采购订单或合同及其附件来规定项目的相关事项。但至少，你的标书是对你已完成和想要提供内容的忠实记录。有时，你可以将其放在采购订单中作为参考，这样有助于更好地理解订单要求。在你对采购订单及其附件有充分的理解，并且心里已有完成项目的愿景（在标书中）后，意味着你已经具备启动项目的条件。

实际上，你会发现项目的启动工作可以分为两类：

(1) 管理部分；

(2) 领导部分。

如前面所说，传统而保守的公司倾向于以管理（相对于领导）为导向。但是，成功的项目经理既是管理者又是领导者。由于你们的企业文化可能更倾向管理，你很可能需要迫使自己更加留意领导问题。启动项目的具体细节一般在正式的规程中都有记录。作为项目经理，你应该把规程作为工具，它在项目启动的过程中会很有帮助。图 6.1 形象地表达了依靠规程的项目经理会十分轻松。依靠规程是一种最佳实践。不过，过度依赖规程而忽视团队激励则是不可取的。不能因为遵循详细的规程而忽视对团队的激励、帮助和鼓励。图 6.2 展示出项目经理与团队成员一起设定业绩目标。

要记住，一个成功的项目经理需要同时使用他（她）的左脑和右脑。你的大多数同事都是以左脑为导向的。从规程中就可以看出，这是一种主流文化。当然，我们所有人都很大程度上倾向于与“预期”保持一致。这表示，你在开展调度、分派和规划等左脑性工作方面不会有问题，毕竟这种思维的产物通常是命令性的。但你可能找不到有关团队建设和激励新团队方面的规程。如果工作的其中一部分已经有了充分的计划，而对另一部分还缺乏了解时，你难道不应该关注这些“更软”的问题吗，即使（也可能正是因为）它们并没有那么简单？

图 6.1　依靠规程的项目经理十分轻松

图 6.2　项目经理与团队成员一起设定业绩目标

带着这一提醒，让我们考虑一下在项目最开始极为重要的几天里，你应该做什么？记住，万事开头难。在用户评估标书的时候，你手头上可能还有一些其他工作，它们很可能是一些必须完成且目标清晰的任务，而且完成这些"清晰"的任务十分轻松并且可以获得满足感。你可能很希望为这些工作做一个令人满意的收尾。但是，你必须抵制这种冲动，投入到新的项目中。将这些临时性任务托付给其他人,然后开始启动项目!在开始一个长期项目时,晚一两天启动看起来似乎问题不大。但是,在临近产品交付时,你肯定会为节省这一两天时间而后悔。而且这当中还有一个潜在的、更加严重的问题,即最开始的这几天将为整个项目定下步调,不但是在你的经理们和团队成员的意识中,也是在你自己的意识中。最开始就表现得紧迫一些,这将为整个项目树立规范。

6.1 管理部分

在你或者任何人开始正式的项目工作之前,必须建立一套经费机制,以及预算或账户。对于一个大型项目而言,这不是一项普通工作。在提出建议的过程中,各部门(系统工程、设计工程、制造等)在合同上都已经对各自预期所做工作进行了详细地估价。你和你的财务分析师(FA或项目分析师)将编写正式的工作说明授权书,划出资金以支持各项工作的开展。这些授权书将依据可能已经在项目建议过程中完成的工作分解结构(WBS)来编制。工作分解结构是所有必须要做工作的有序计划清单。它可以(常常)作为详细任务进度的基础。制定分解结构和进度计划的一条重要经验是确保各项任务的责任清晰。团队中没有人会像你希望的那样去关注你制定的整个进度计划,但是每个人都会留意与他(她)相关的进度。人们需要清楚的任务说明。他们想知道"我必须做什么和必须什么时候完成"。

常见的做法是保留各部门经费报价的一部分作为"管理储备金",目的在于,如果他们只完成预计工作的90%并且遇到问题,你可以利用这10%的经费储备来帮助他们。这从本质上来说是一个合理的方法,但是却导致了几种问题:

(1) 鉴于一般有10%的经费被保留,一些"聪明"的报价者就会虚报10%,当他们得到他们的经费分配额,他们在此经费下的工作任务就变得较为轻松。这样做的风险很明显,你的投标经费可能比实际所需经费高10%,而你可能因此失去这个项目。解决办法是在投标阶段与各报价机构一起工作,确保他们的报价具有足够的竞争力。

(2) 当你确实按报价的90%拨款时,可能招致一些反对意见——报价的经理会告诉你他们没有虚报,希望得到全额拨款。这是另一个棘手的问题,而且可能会因企业文化而变得更加复杂。如果人们因为超出预算而受到斥责,那么确保不超预算的最好方法就是提高报价!

(3) 虽然经常估价过低,但估价事实上仅是一个估计值。估价的误差幅度很可能超过10%。你和估价者都知道这一点,但"游戏规则"却要求你假装误差幅度为±0%。

下面是一个可充分说明"管理"的地位需要居于"领导"之后的案例。

该案例的理论基础是在负责经费的项目经理和负责工作的运营(或职能)经理

之间达成了一种协议。它的基础是对必须要开展的工作有着清晰的理解。如果职能经理以低于协议要求的经费(或时间)完成工作,那么他或她就是成功的。如果他或她完成工作所用经费超出了分配额,那么他或她就是失败的。所以,大家何不把经费额度尽可能做高以保证"成功"呢?职能经理只在确有赢得这份工作的需要时,才会抑制在这一项目中营私的倾向(也就是使目标过于宽裕)。如果其他机会充足,职能经理并不需要这份工作,他或她会尝试尽可能地中饱私囊!此外,在报价的时候就对工作完全理解的可能性基本为零。后续工作中可能会有正面或负面的意外情况发生。如果职能经理遭遇正面的意外情况,他或她可能只是笑而不语。但如果遭遇了负面的意外情况,他或她可能会说"我没有为这种情况报价",暗示这是你的失误。下一步就是要求一些"管理储备金",或者更糟的是希望从"合同"约束中解脱出来,不再按上报的时间完成工作。这些问题无法通过管理的手段来解决,因为理论上在上报的完成时间内所有事项都是已知的,不存在意外情况!

当发生这种情况时,就需要真正的领导。作为项目经理,你和职能经理必须有"你们在同一条船上"的感觉,取得成功的唯一方式是以尽可能少的时间做好工作并满足要求。在这种关系下,很多工作都会取得成功,而少数则因为在经费分配上的争执而失败。在不成功的工作中,通常的争论发生在"他们超出他们的预算分配额"与"范围不清楚(或发生变化)"之间。事实上,从来都不是非对即错的情况,所以对未完成工作的人提出清楚的控诉,这种可能性很小。因此,所有争吵都是浪费时间和分散工作注意力。在项目中创造"我们在同一条船上"的氛围是确保项目成功的一件重要事情。(实际上,若项目遇到严重问题,所有经理都会受到不利影响,但一般不会把责任归咎到除了项目经理的某一个人头上。如果项目经理试图以"有人超支预算"来为自己辩解,一定会面临"项目范围发生变更"的理由反驳,由于这确实是实际情况,所以项目经理难逃责任。)

因此,如果项目被塑造为"你最好在某一时间内(如 54 分钟)完成这项工作,否则……",那么你有大麻烦了。基于威胁的领导工作是注定失败的,实际上没有什么任务被称为"领导工作"。

基本项目计划的一部分是编制一种"风险登记表"或"风险与机会登记表"。其中将对你的项目在执行中的可预见财务风险进行汇总和量化。由于这些都是可能发生的事件,所以对它们的发生概率也进行了汇总。这样,风险的大小也得到了量化。对机会的处理也是如此,如果事情变得比计划的好,它们对你的开支会有积极影响。同样的,风险或机会被实现或者规避掉的预计日期也会填入表中。在项目建议阶段,这些风险和机会对指导项目定价非常有价值,风险高的项目可能追加应急经费,或者申报更高的利润(在固定价格的投标中)。因此,你始终都面对着开放性的风险,应设法去除风险或创造机会。

表 6.1 是风险与机会登记表的范例。净值(美元)如果与“管理储备金”不完全一致，则应包含在表格中。

如此，项目启动时的管理工作通常是根据你公司里的规程来进行精心设计的。有什么管理工件？它们放在哪里保存？谁必须对哪些进行签字同意？它们如何维护？进度计划如何确定基线和进行监督？这些都体现在规程里。但是确认所有管理工件的运用，虽然是必要的，但并不足以确保项目成功。这里还需要你的人际沟通技巧。

表 6.1　风险与机会登记表

风险或计划编号	风险或机会	价值/万美元	概率	净值/万美元	解决的日期
R1	如果电路板的设计推迟一个月，那么进度将延长且工作规模成本将升高	4.5	0.2	0.9	2016-5-1
R2	如果冲击试验失败，结构必须重新设计	20	0.1	2	2016-11-15
R3	如果我们的成本率在 2017 年增长 10%，我们的成本将增加	10	0.1	1	2017-1-1
O1	如果我们提前一个月完成试验，我们的工作规模将减少	−4.5	0.1	−0.45	2017-5-23
O2	如果我们的成本率在 2017 年下降 10%，我们的成本减少	−10	0.05	−0.5	2017-1-1
总计		20	—	2.95	—

6.2　领导部分

在这个问题的讨论中，我们假设项目是一个设计和研发项目，你将设计一套电子系统(如雷达、声呐、仪表)并对其进行测试和鉴定，也就是证明它满足所有的设计和合同要求。可能你会将跟你一起完成项目标书的人指派到执行团队中。这显然对项目有重要帮助，因为是他们和你一起制订了成功的投标计划，因而你们很可能对如何开展项目有着共同的看法。这种“看法”包括报告关系和进度计划，以及一些“更软”的问题，如技术方向如何进行约束，规划了什么审查，什么人承担什么样的领导职能(你或电气、软件等方面的主管)。作为项目经理的你通常会和你的非直属员工，即各职能主管，一起解决这些问题。他们将是这个项目的“警卫官”，与设计者一起工作以保证项目在正轨上运行，并确保发现和解决技术问题。对于任何好的团队，发现互补型人才很重要。例如，项目经理在技术上能力越低，就越需要寻找技术优秀的主管。这一工作可能就是对项目标书编制团队的扩展，构想软件系统或编写标书中软件方面文字的软件工程师可能是软件功能主管的最佳人选。

不过，需要意识到，具有创造力和领导力的人才可能并不一定全部从你的标书编制团队中选出。虽然参与编制标书的机械工程师提出了针对系统要求的优秀技术途径，但这个工程师可能"天生"不适合做一个领导者。如果将执行项目构想的5个机械工程师组成一个团队，很重要的一点是，他们的领导者必须能够与他们进行沟通、解决问题，以及在问题发生变化后能够发现并解决问题。仅仅因为一个工程师有一套杰出的、可能也是赢得合同的方案，这种情况并不意味着该工程师知道如何使其所属团队获得最大产出。此外，让人们根据自己的天赋选择工作的原则可以保护你——一般而言，没有领导天赋的人在这种情况下可以避开领导角色。不过，这里有一个文化上的问题会干扰这一倾向：如果领导者比杰出的技术贡献者更受尊重(而且得到更高的报酬)，那么存在一种风险，即一些有抱负的工程师可能会认为职业晋升的道路上要求有领导经历。幸好，很多公司意识到雇员在能力上的差异，实行一种"双途径"的职业晋升渠道。如果执行得当，高级技术贡献者的收入可以与上层管理人员一样多。所以，希望你是在这样开明的机构中工作，而且你的主管们是因为其天赋适合且真心想做领导工作。

你和你的主管之间的绝对信任和尊重对项目的成功至关重要。如果你质疑某个问题(例如，数学建模的精度要求似乎优先于进度需要)，你必须要让你的系统工程主管进行调查，确定是否一切没问题，如果有问题，还需采取措施加以改正。在大型项目中，你不可能发现并解决所有问题，而且也不可能对你主管们的所有工作进行检查和评判。

我虽然外出旅行不多，但通过倾听来自其他文化背景的人从他们的角度讨论管理问题，可以学到很多。在从巴塞罗那到法兰克福的一架飞机上，我的旁边坐了一位西班牙商人，他对处于经济困难中的欧洲大陆方面多有指责。他说，德国人认为把他们的工作热情与西班牙人比一比可能能找出德国经济表现很好的原因。德国人之所以认为西班牙人的工作热情不高可能是因为其实行了不同的工时制(中午有休息时间，通过延后下班时间来补偿)。不管理由如何，这位绅士感到西班牙人不公平地被冠以一种坏名声，即他们有一点固有的懒惰。这位绅士向我保证事实与这恰恰相反。他觉得典型的西班牙人工作时间比典型的德国人多。那么为什么德国比西班牙取得了更大的经济成功？坐在我旁边的那位西班牙人对这个问题的原因有着一种与众不同的见解。他说，在西班牙，人们对其他部门完成的工作有着普遍的不信任，很多时间用来对同事的工作进行检查和事后评论。他认为在德国，"组织"为王，预期的状态是每个人了解并执行他或她的工作，没有人必须去检查。这显然是单个人做出的一种粗浅概论(关于他的仅有背景信息为他在飞机上坐在我旁边),但是他的话确实指出了在不信任文化中要付出大量的间接代价。如果你要求你的员工证明他们的所有行动都是正当的,那么在这一过程中你和他们将花费大量的时间。而且这将导致主动性下降,因为员工有所行动就必须证明其正当性,不行动反而很难被注意到。

在你组建团队的时候,一般从选择主管开始,树立愿景是很重要的。正如前文讲的,你不可能完全掌控分派到你项目中的成员,你可能需要更多的思考。在团队中实现由你做主,不能依靠强硬或固执。(记住,在人员问题上由你做主不代表过于自我;你应该将其看做是对你的团队负责。打造一支强有力的队伍对团队自身来说也有好处。)

随着你在项目中加入你的主管,并且他们与你一起为项目选择工程师,关于项目愿景的交流和相应改进是非常重要的。通过"愿景报告"可以帮助你与新组建的团队交流这一愿景,并帮助你阐明自己的想法。

但是要记住,愿景是"活的",应该不断进化和成长。而且要记住你不能自己独享。实际上,你的目标应该是团队所有成员共同掌握愿景。你制定愿景过程中的协作程度越高,你的团队相信愿景并取得成功的可能性越大。牢记在第 1 章中提到的中国古代的老子关于领导的言论:

太上,不知有之;其次,亲而誉之;其次,畏之;其次,侮之。信不足焉,有不信焉。悠兮其贵言。功成事遂,百姓皆谓:"我自然"。

当项目愿景更符合团队愿景时(而非你的个人愿景),项目将来就越可能成功。

毫无疑问,你想要一个能在一起很好合作的团队——如果你要安排人员到一个成长型的项目中,最好的方法是询问目前项目成员关于拟增加备选人员的意见。仔细听取他们的反应——你可能希望将工程师 A 和 B 都放到你的项目中,但如果工程师 A 和 B 互相不信任,你可能需要做出取舍。在这一过程中,你要确保尽可能地参考团队其余成员的意见。

所有这些意见的确认和讨论是否会花费时间呢?当然会。但是这可能是你在项目启动时最值得投入时间的地方。你必须决定是花费半个小时跟你的团队讨论,还是花费半小时完成一个可能都没人阅读的报告——我认为应该花 5 分钟在报告上而把主要精力放在人身上。

我很幸运曾经负责过两个相似项目的启动工作,其中第二个项目是在第一个项目的六年之后开展的。因此,我有机会将在第一个项目中学到的"愿景管理"经验应用到第二个项目中。

第一个项目(项目 6):在我们获得这个项目之时,工程部门与运营部门之间存在不正常的对立关系。表现在,双方对他人所做工作的质量缺少基本的尊重。所以,我想到一个办法——在办公楼中选择一处地点,让在项目 6 中工作的所有人坐在一起,包括工程师、绘图员、工厂规划者、线束开发者、电路板制造商和软件工程师等。我试图运用的原则是怀着共同目标、近距离在一起工作的人们更容易形成一个真正的团队;不同部门的物理分隔会导致缺少对其他部门工作和工作精神的尊重。合用同一办公场所对我们公司来说是一种全新的方案,而且也是(现在仍是)一个不错的主意。因此我开始实施——将这种想法向下推广到工厂经理和参与项目的职能经理。然后我告诉整个团队,"嘿,好消息,我们所有人要在同一个大的项目区工作了!这很棒吧!"当然,并不是所有人都认为这主意不错。我听到过来自"我的团队"成员的抱怨:

"现在我必须多走 50 码(45.72 米)才能到咖啡壶那里!"

"我已经坐在吉姆旁边 5 年了,而且我喜欢跟他谈话。"

"新的办公区没有地毯!"

"现在我必须走更多的路去吃午饭。"

"那边噪音更大!我需要在安静的环境下思考。"

"那边的墙上有露在外面的管子!"

我不敢相信。所有这些在我看来都是最无关紧要的抱怨——我的意思是,我们讨论的是将坐在一起的问题!要知道,此前我已经跟预期的关于座位安排的官僚主义问题进行了激烈斗争,而且取得了胜利!

在这个主意遭到冷遇后,我进行了自我反省,此时我想通了为什么。那是"我的"愿景,而不是"我们的"愿景。我成功将这个主意推销给工厂经理,但是我却甚至没有跟团队讨论过。我们在一起推动项目的所有进展,而且所有工作最终都取得很好的结果,但是如果从开始就这样,结果会更好。因此,我从中总结了经验……

第二个项目(项目 9):在项目 6 已经进入稳定的生产阶段的时候,我们获得了一个新项目——项目 9。跟项目 6 一样,在设计和开发阶段需要不同学科的人密切配合工作,而且我认为最好像项目 6 一样合用同一办公地点。但这一次,关键词是"我们"而不是"我"。在团队成员加入后,我找时间跟他们讨论了在同一地点办公的主意,而且他们之间也进行了讨论。我认为确保每个人在同一个区域很重要,可使团队的智慧盛行,而且我让软件工程师们单独坐在一个密闭区域。轮到我搬到共同工作地点的时候,我很震惊地听别人说这没有必要——我应该留在大楼的前面,跟高管们一起工作,"真正的工作者"搬到同一区域就可以了。这是一种对我自尊的打击——离开我他们怎么能够处理好工作呢!但我还是听取了团队的意见,将我的办公室留在原地,让团队成员在一起办公,做具体事务。我们做到了按时的交货、利润最高以及让客户满意。具有讽刺意味的是,当时我还没有听说过老子关于领导方面的观点——太上,不知有之;功成事遂,百姓皆谓:"我自然"。"消失"在暗处是一种对个人自尊的威胁,而且我当时确实没有感到我是一个"优秀的领导”——这并不是说我想要这种优秀领导的感觉……但以团队利益为首，将自己的自我形象和自尊放低，是一个优秀领导的必要品质。

6.3 人力资源调配

6.3.1 人力资源概述

在启动一个项目，特别是一个大型项目时，你可能会发现很难快速地获得所有你需要的人员。尤其是当你如上文所述在选人时很“挑剔”的话，就会更加困难。解决办法有以下几种：借用其他部门人员；使用外聘工程师；等待合适的人选完成他当前的工作任务；要求现有人员加班以及外包完整的工作包。如果你只是将工作看做完成任务所需要的时间量，而不注意使用这些不同工作方法带来的不同后果，结果会很糟糕。

6.3.2 借用其他部门人员

借用其他部门人员的方法或许有用。借调人员可能不会将你所在部门的成功放在心上，但你可以依靠项目团队本身的吸引力使这群人融入你的核心团队。至少，这些借调人员都是公司职员，他们的事业与项目成功利益相关。不过，要小心成本费用率。基于你公司的公开声明书（向政府部门披露的会计核算依据，关于你如何安排各项费用中的间接成本和其他成本），你将有可能为借调人员的工作支付额外费用。有时，在基本费用之上，你还需要向他们支付额外的“综合行政管理”（G&A）费用（“综合行政管理”费用算在劳工成本中，主要包括办公场地、公用工程、计算机维护等。在一些核算系统中，当公司的一些部门确实为你的部门工作的情况下，在其向政府公开的结算单中也可能会加上“综合行政管理”费用）。这将使你的项目在执行时出现不可预测的费用开支。所以，你应确保你借调的这些人员值得你为他们付出这些额外费用，这些额外费用可能约为全部费用的 20%。

6.3.3 外聘工程师

针对在项目开始之初的员工不足，外聘工程师是一种很普遍的解决方式。该方法会带来很多好处和坏处，但它们都毫无意义。首先，没有外聘人员像公司核心员工一样认同你的项目。他们参与其中的唯一目的就是：钱。虽然你的核心员工也会为了钱而工作，但是他们还有更多对项目有帮助的动机，比如树立名声、争取晋升机会、获得提拔、帮助同僚等。即使是最好的外聘人员都不会具备这些动机。作为外聘人员，虽然没有保险金，但他们比你的核心员工每小时会得到更多（甚至特别多）的工资。如果（或什么时候）你的团队发现其实这些外聘人员做的基本上都是一样的工作而拿的更多时，你的公司将会面临潜在的士气问题。不一致甚至悬殊的工资差异将导致你公司的工程师很难与外聘工程师共同相处工作。不言而喻，公司员工会认为："如果你工资这么高，为什么我还要帮助你呢！"以上是外聘工程师的不利方面，但也有能够抵消这些不足的好处。虽然外聘人员可能拿更多的小时工资，但在你项目中花费的其他费用将比直系员工少很多。这是因为固定的营业间接成本（经营管理薪金、假期、保险金、办公场地费等）一般不含在合同中。这些成本通常被认为是原材料——并且原材料负担（你的公司用来执行项目购买原材料的附加百分比）可能明显比间接费用分摊率少。另外一个好处是他们会"按照你的意志"去工作（这里的"你"并不仅指你一个人，其他同事，还包括职能经理们也可能包含其中）。这也意味着，当你获得正式员工后，可以随时解雇临时工。虽然这听起来不错，但当他们离开时也带走了从你的项目中所获得的经验，并且你还要为新员工达到必要的熟练程度而付出代价。那些非常具有天赋（或者很聪明）的外聘人员会在本职岗位上做得非常用心，会使你很难做出解雇他们的决定。此外，公司可能会限定外聘人员的工作年限，所以你虽然可能会对外聘工程师产生依赖性，但最终还是会失去他们。话说到此，情况就不是那么好了！此时此刻，你必须自私一点，当获得正式员工后，就把外聘人员打发到其他项目上去。但记住，你对于项目的"自私"，也是对项目和你的团队负责。

6.3.4 等待合适的工程师

此方法适用于长期项目，因为你可以获得项目需要的人才。但此方法也有缺陷。首先，当你等待合适的工程师时，项目工作无法完成，工期会被拖延。在一个项目上落后了，可能还会影响到其他项目的进展。你经常会听到"克里斯将在两周后有空"，然后你会（愚蠢地）信以为真。如果你真的等了克里斯两个星期，然后去找他时可能会惊讶地发现：事实证明，你低估了克里斯的项目。或者是电路发生爆炸了，或者是克里斯病了，或者是客户提出更改要求，又或者是任何潜在的延迟原因。你可能认为你和克里斯有一个两周后开始工作的承诺，并且职能经理可能也曾十分肯定克里斯能有空，但这就像是在法庭上——"占有者在诉讼中通常占上风"。也就是说，在项目中拥有工程师的团队一般都能够控制工程师的去留直到项目完成，而不去管别人期望什么或者日程表上写着什么。总的来说，如果寻求高级管理仲裁，你的项目将会得到员工克里斯并获得好处，但并不推荐采用这种方式。最好是与其经理玛丽以及你的团队商量并达成一致，以承受延误的后果。而且你最好有一个可实行的后备方案，以防两个星期的等待变成两个月。等待是危险的！

6.3.5 加班

现今大多数公司按照标准的小时工资支付员工的加班费用。有时，工程师也会经常有“临时性的加班”，尤其是那种短期的或是高薪的高级员工的加班。但记住，如果你要求或逼迫你的员工进行临时性加班是违背你的公开声明的，而且对他们并不公平。确实，一些员工非常享受他们的工作并且追求着业绩，想到加班将有可能使他们“走在前面，获得进步和成功”，还是不错的。但重点是这只是“可能”。工程师的工作，尤其是高创造性的设计工作是很难被量化的。所以员工花 20%的时间加班并不一定能创造出明显多于 20%的工作价值。帕特可能不愿意自我提升并且告诉同事她加了很多班。这种依赖加班的做法充满危险，包括会让你失去一些最能干最有潜力的工程师。记住，作为项目经理你最重要的工作是确保你的员工人尽其用并充满工作热情。不公平的待遇是最能够抹杀这些感觉的方式。

6.3.6 补偿性加班是否可行?

公平的补偿性加班有很多有利之处。让已在项目中的员工加班不会像在项目中增加新成员那样付出学习项目的时间和成本。在正常工作时间之外，如晚上或周末的时间加班，可能会更富有成效。因为在日常工作中很多导致分散注意力的因素在非工作时间会大大减少，比如闲聊、行政备忘录、附近嘈杂的讨论等。但在非工作时间工作也有其自身的缺点，就是可能需要咨询的同事或信息不在身边，因此一些工作需要等到第二天甚至周一早上才能解决。但因为你的一些同事可能要买房或计划着一个长期并且昂贵的休假，所以他们可能很愿意加班。补偿性加班在工程师的配偶中比较容易接受，当然她们更希望工程师能留在家中。但记住，能够额外获得的加班工作量和时长总有一个限度。大量的加班会给你的员工增加压力，并且如果在项目开始就过分使用你的团队，那么在项目完成日期临近时，你可能无法让你的团队再加一把劲。我建议一周的加班时间不超过 8～10 小时，并且这样的状态持续不超过 2 个月。虽然在员工能做什么或应该做什么方面总有例外，但一定谨记压力因素，并且永远避免依赖“强制性加班”。但是，这确实给团队传递了一个信息，即额外工作是必需的，具体问题则包括加多少班、完成时间、可能出现的愤恨情绪、可能出现的效率低下甚至是可能引起的离职等，这些问题导致加班对于公司来说几乎总是亏本生意。如果你强制要求加班，并且只要有一个员工不能或不愿意去这么做，你将面临一个无法解决的问题。如果你不能强制执行一个规则，将会面临受尊重程度下降的严重问题。最好的方法应该是分别与你的员工进行谈话，并分别为他们制定不同的额外加班计划。

今天所说的项目与数百万年前的狩猎团队在社会性上没有特别的不同。人类处于食物链顶端的最大原因是因为我们可以交流和合作，并且知道如何计划。图 6.3 所示的是公元前 20000 年时狩猎活动的一些早期计划图。假设你是公元前 20000 年时的一个首长，组织管理一个狩猎队伍，你明白选择合适的族人去狩猎是多么重要。你和你家人、朋友(部落)的存在正是取决于狩猎的成功。避免忍饥挨饿是最强大的动机，可能比晋升机会和涨工资更大。社会互动的本能构建了人类学的根源，它在挑选和组建一个团队时有强大的作用力。现今社会的团队和几千年前的狩猎团队都会认为“我们在同一条船上”(虽然在现代，后果可能更加温和：如果项目失败了，你也不会挨饿，尽管会受一点损害)。

如果你的狩猎团队很大，你不可能了解部落中所有的男女族员以及他们的狩猎天赋。在你的狩猎队中需要可以追踪猎物的人、能够扔矛的人，以及能够找到回家路的人，等等。你的副手(团队领导者)应帮助你找到具备相应技能的成员。你将依靠他们。最好的副手应理解组建团队的方法并确保他选择的团队成员能够胜任各自的职务，并且能够共同工作，相互合作！相互信任和尊重在狩猎队伍中是至关重要的。

图 6.3　狩猎活动早期计划图

摘自 Dollar Photo Club，文件编号＃33565226 kaetana

6.3.7　工作外包

有一个迅速完成更多工作的技巧，就是将项目中的某项工作任务交给负责任的、在分包合同下的外部单位。作为之前提到过的其他形式的“解决办法”，此方法有其自身的优点和缺点。一个明显的缺点就是需要将分包的工作分类，选择一个供应商，细化合同中必需的要求，并协调进度。如果你的公司已经有了一个现成可选的单位，该单位是可靠的并且可以胜任你的工作，以上问题不会产生大的影响。但即使在最理想的情况下，当分包商完成工作时，你的项目也无法获得他们的工程师所得到的产品技术知识。另外，因为外包工作与项目其他工作是一个整体，所以交接是一大问题。你可能需要分包商在完成工作后再回到项目中(涉及另一轮合同相关的行政事务)，或者要让你自己的工程师对分包商的设计进行充分学习和了解以解决问题。以上两种方法都很费钱并且有可能延误项目进度。个人认为，针对早期人力安排，工作外包是我最不推荐的方案之一，但与其他方法相比，该方法在特定情况下也具有可取之处。

6.3.8　小结

针对项目初始阶段的人员不足问题确实没有一个固定简单的解决方法。综合运用上述策略可能是最佳途径，可使项目尽快取得进展。但与项目面临的其他问题一样，如果能让受问题影响的人员更多地参与解决问题，就会得到更好的解决方法，这些人也会对问题解决方法有更深刻的理解。让个体参与到决策当中，是使其成为团队一份子的最好方式。如果你曾质疑让你的团队参与到重要决策中的价值，那么就从你自身角度来查找问题：当一项计划直接牵涉到你，但在你没有机会参与该计划制定或改进的情况下强加给你，你会怎么想？

6.4　产品外包

上文讨论了人力资源调配的问题，我们还应该对产品的外包问题进行研究。

依据你公司的生产能力可能需要作出决定：是自己生产产品或产品零件还是交给分包商。这将是一项关键并且艰难的决定。这种“自制与外购”流程可能已经成为你公司的一种固定形式，并且不管怎样，将出现一群新的利益相关方，它们都具有不同程度的正式或非正式的影响力。你的工作将是了解一种或几种方法对于项目的好处，并且带领各利益相关方得出解决方法。这在理论上听起来简单，但实践起来却大相径庭。对于制造方团体，可能希望延长项目时间并降低项目进展速度。如果他们过度渴望工作，那么你的项目很可能已经吸引了一大批辅助者和守望者。但另一方面，让你自己的工程师们下到工厂并实地迅速解决问题才是最为高效的。如果分包商出现问题，针对问题选拔合适人员去进行评估，以及耗费时间根据合同指南进行修改，都会对你的项目产生毁灭性的影响。此外，一些分包商会趁此机会对你进行剥削，向你索要无理的变更费用，为此你必须查明真相并拒绝接受。这将可能导致你的公司和你期望（和需要）在项目中作为信任伙伴的分包商之间产生摩擦。

每个公司都是不同的，并且每个公司的情况也会随着时间变化。你的决定（或者你可以影响的那部分）也取决于你自己公司的“车间负荷”（即生产能力）以及你信任的分包商的生产能力。也请记住，你可能无法对分包商进行选择。一个通常的范例就是，工程师在图纸和说明书中给出了生产一件合格产品所需要的全部信息，这些打包的信息将被提供给“有资质的”分包商进行报价，然后从中选择一个中标者，主要基于价格高低而定。因此，很难排除掉那些倾向于从公司的变化中“榨取”(占便宜)利益的分包商或站在国家对立面的分包商。

如何保护项目不受这些问题的困扰呢？这又是领导的问题，而不是管理的问题。你的工作是——找到最好的供应商，国内或国外的——因为你的项目将被你办公室的“能力”所局限。而你的“能力”又局限于规程和制度。但是影响力是不受局限的。利用你和相关同事建立的关系、通过聆听他们的观点，你可以使各方形成统一联盟，并最终得出正确的决策。关系是关键，这指的是你与那些期望为公司全力以赴的雇员之间的关系。当然，每个人都有其心中最重要的利益，但最出色的员工(你的公司由出色的人员构成，因为大公司可以在其雇佣员工时精心选择)会自然而然地趋向于同你一起为了项目的良好发展(或公司的良好发展)而努力。

所以，如果项目中的相关人员同时也是你的“工作伙伴”的话是最好的，但你每天都会与你一些从未见过的同事一起工作。关系在这里也是很重要的——真诚而开放地与同事接触，能快速建立同盟关系。人际技能是你的项目经理技能中最重要的一项，即能够快速确认盟友并且与之携手工作。最出色的领导几乎可以和所有人组成联盟，而最差的领导则处处树敌。

那么假设通过你的领导力和管理能力，你已经为项目选好了一个分包商。以生产多种形式的电路板为例，你必须有对生产进度和产品质量进行监控的方法。在大型机构中，大多数此类工作要遵循固定程序或者至少有惯例做法。一般会有分包商经理以及一个或几个工程师被分配指定给你的项目——你可能会拥有一个对产品或分包商熟悉的兼职质量工程师。他们都可能比你更了解产品、分包商情况、质量系统和项目进度的细节。你的工作就是确保尽可能使最出色的员工分配到你的项目中。这样自私吗？是的！对你的项目来说你必须自私。

但是即使你的项目拥有最好的员工，你仍需保持警惕并给予相助。因为人们都有意向规避自己的薄弱领域，最佳结果是你了解你的员工并且知道他们的薄弱领域。最出色的领导将训练团队成员对薄弱领域给予更多的关注，称职的领导会平衡补偿他们的薄弱领域，而差劲的领导则不会注意到这个问题。当人员分配完成后，坐下来与他们讨论如何管理分包商的工作。

需要注意的是，在讨论中可能会有这样的陈述：“我们将每周收到分包商的报告并进行评估。”此时会有人无恶意地好奇地问：“所以，玛丽(运营工程师)，是你来评估报告还是约翰(分包商经理)?”你、约翰和玛丽可能都认为自己清楚如何回答这类问题，但你们的答案可能各不相同！有些时候大家不会问这种问题是因为显得“很傻”，因为这种问题每个人都应该知道！但令人惊讶的是，这些看似“很傻”或“很天真”的问题可以很好地阐明事情并引发惊人的见解。问这些问题需要一些谦虚和(或)自信，而谦虚和自信正是领导力的关键组成部分。应该培养并应用这种品质！

很久以前，我在一个复杂技术项目的客户那里学到了一课。典型的项目进度例会一般由两个人的团队完成：一个买家和一个工程师。但是在这个特别的案例中，则只有买家。我曾以为这是不明智的。但结果显示，买家完成得很好，没有办成空洞乏味的会议。这位客户教会了我“笨问题的力量”。（之后，我将其修改为不含贬义的说法：“天真问题的力量”）。一开始因为买家没有技术背景，我以为不会对我们的技术进展详细审查。然而讽刺的是，事实正好相反。因为这个买家并不介意问一些“准技术”问题，这些问题对于工程师来说显得过于简单，所以买家反而能够获得海量的关于项目进展和问题的信息。工程师（包括我自己）喜欢向感兴趣的人阐释问题。所以，充满自信地去问很多方面的问题，并且利用技术人员阐释自己工作内容的欲望获取信息，这是我所见过最有效的实情调查方式。（幸运的是，项目在这次的审查阶段完成情况良好，否则，我可能无法注意到并懂得“天真问题的力量”。）

6.5　构建项目文化

项目初始就应构建项目文化：你和你的团队可以从企业文化中获取和变为己用的不多。正如此前所说的，这种文化最好由团体共同建立。在你团队成立以后，让大家聚集在一起并讨论你们未来将共同完成哪些非凡的事情。请你的团队成员谈谈他们的职业兴趣，并且谈谈该项目能如何帮助他们实现其个人的一些工作目标。当然有些问题可能比较私人化，但当大家谈论到他们在项目中想要去完成或不想去做的事情时，你可以这样提问——“有什么你一直想要完成的事情吗？”“你们中有谁曾完成过这件事，或知道谁完成过的吗？他是怎么做到的呢？”你越多的显露你的想法和理念，越能使谈话变得更加有趣；团队之间越坦诚开放，越容易让团队成员之间信息共享。你不会希望团队中任何一个人害怕向团队提出意见和问题，或只敢私下向其他成员提问。

你可能会考虑为项目写一份共同愿景声明。如果是的话，在感兴趣的“自愿者”中找到写声明的人是最好的。作为一个领导型经理，你可能想要自己完成，但这也是你帮助项目中崭露头角的领导者来完成此事的最好机会。作为一个出色的领导，必须总是找到方法退居幕后并帮助其他人发挥领导作用。这样做得到的结果将超出你的期望，毕竟你所期望的也许不如你团队期望的那么好！所以请不断与伪装成领导信心的自大狂妄心理进行斗争。

一些公司用“团队建设训练”或旅行等活动来构建项目文化。我的经验是这些做法很有趣并能学到很多东西，但对于构建项目文化作用很小。真正能够塑造团队文化的是大家都有一个公认的共同目标，并且愿意帮助团队中的每一个人去完成该目标，这个目标与团队每位成员的健康和快乐密切相关。当某个人生病了，团队应该真正地去关心他，以及帮助他完成他的任务。你应该为你的团队树立榜样。

我认为如果你不能成为一个称职的领导者，就不能成为一个好的项目经理，并且如果你不去关心你的团队成员，就无法成为一个称职的领导者。

当我孩子还小的时候，我的妻子在一场车祸中受伤了。我的休假时间有限，并且没人能够帮我照顾妻子使她康复，并代替她照顾我们的孩子。我的老板只是简单地说，“好好照顾你的家庭去吧，不用担心你的工作或休假时间，我们会帮你解决。”这不仅消除了我的直接担忧，还使我真心感谢我的公司（以我老板为代表）。多年来，事实上时至今日，我的老板把我的利益放在他对工作要求之上的做法获得了百倍的利息。关心下属的领导在带领员工完成工作上是最有效的。

6.6 本章习题

6.6.1 讨论

1. 讨论经费分配的重要性以及与职能部门签订“合同”的相关事宜。

2. 在选择/任命子团队领导时有哪些考虑？

3. 有时候将部分产品外包是有好处的。如果你想这么做，应该考虑哪些方面的问题？会有其他利益相关者受到影响吗？怎样才能使外包产品工作更加成功？

4. 你在做团队建设训练工作吗？这些训练的投入值得吗？怎样设计一个有效的训练项目？

5. 讨论“信任”在领导价值观中的含义。建立信任文化的一些策略是什么，什么行为会破坏这样的文化？

6. 我们正在开展一项业务！

(a) 我们没时间关心员工！

(b) 员工的健康和快乐是成功的基础！

你有什么故事来阐明理论(a)或理论(b)？

6.6.2 书面作业

1. 项目经理既是管理者也是领导者。阐述两种角色在项目初始阶段是怎样起作用的。

2. 为什么团队的选择如此重要？

3. 有什么方法能为项目团队建立共同愿景？

4. 使用外聘工程师的利与弊都有哪些？告诉我们你和外聘人员共事的一些故事。或者，如果你没有这种经历，告诉我们你将如何选择一个优秀的外聘人员。

第7章 项目运行

到这里，我们假设你已经完成了项目的基本计划，即你已经制定了基准进度表以及各个预算中心（工程、合同、质量等）的开销计划；项目各类文件实现统筹管理，每个成员都可以通过某种方式获取到；为项目提出正式或非正式的愿景；建立团队例会制度；团队核心员工就位；已完成了与客户的会面；建立了风险登记表以及降低风险的储备基金；已经邀请高级别客户到工厂参加项目启动会；制订与客户电话沟通的时间表，理想情况下每周一次。

上述准备工作就绪的话，项目似乎就可以自动运行了。

但是，即使你认为完美地完成了所有这些任务（但几乎不可能），事情也不会如计划的那样顺利。

知道这一点，并对此有所准备是项目经理工作中非常重要的一部分。人们普遍认为一项工作必须“坚持遵守计划”。然而，在执行计划的同时，项目经理通常会面对一些突发的问题，要求他对基本计划进行调整；很可能在项目运行过程中，你失去了关键系统工程师；客户可能要求合同以外的计划书；或者设计团队发现原本设想的 15 套电路板设计方案不能满足需要，需要 17 套（你去哪里搞到这些费用?）。认识到什么时候该“坚持计划”，什么时候改变计划是你必须迅速掌握的，这也是你的责任。

这也是在维恩图中，管理内容和领导内容经常重叠的部分。不能让那些本可以解决的问题成为拖延计划或者消耗储备基金的理由。项目中一定会有问题存在，但大多数问题都不足以让你更改计划。如果放任那些问题拖延项目进展，改变计划，那么你只会浪费时间和资金。加强计划的执行是管理方面的工作，而如何“要求”执行则是你工作中领导的那部分。

7.1 领导风格

领导风格直接影响项目的结果。或许由于它是门深奥的学问，或者因为它涵盖的行为太广，这个概念通常都不太被理解，而其执行情况也不容乐观。但它在项目管理中尤为重要，因此我们将在第 9 章中单独对它进行讨论。现在，我们仅以团队中两种不同的领导风格和它们对项目执行的不同影响为例进行讨论。

强调“我们大家都在一条船上”，是为团队提出合理的动力和挑战的最好方法。这是一种以关系为基础的领导风格，让你的同僚成为你的合作者而非敌对者。旧思想认为“你承诺过在 3 月 15 日完成设计，那么你就必须（或者用更强烈的词语）去完成它”。注意这里有的隐含的威胁。有些人甚至不加掩饰地说：“……把你的领导叫来”“你被团队淘汰了”“我真为你感到羞愧”。

如果你令下属惧怕你，那么可以肯定的是他们不会把所关注的事情告诉你。如果你使他们产生防御心理，那么他们总是在思考如何防范你，而不是专心于工作。

把“违者必究”当做基本原则的管理模式过于危险和简单。当然，你的初衷是希望员工尽最大努力，但只是方法是错误的。如果你希望员工努力工作、解决问题，那么你必须以他们的最佳利益为出发点协同工作。

以两个场景为例对此进行说明。

场景 A——不开明的(旧思想)项目经理(UPM)

首席电气工程师(LEE)：比尔，看起来 Framazoid 的设计方案要晚两个星期才能交工了。

UPM：什么？

LEE：是的。

UPM：等一下，玛丽，你不是承诺过在 6 月 1 日完成吗，你最好想办法按时完成。

LEE：但是你还记得吗，客户又提出了新的要求，希望每部分减免 10%的费用，而你默许了。

UPM：别跟我说理由，我只要结果。

LEE：但是……

UPM：没有但是，明天，我要看到计划书摆在我的桌面上。

LEE：但是……

UPM：我告诉你了，没有但是。

LEE：好吧，我尽力。

UPM：你最好不止是尽力而已。我要看到你们提供的每日工作报告，这样我才能每天都掌握你们的工作进度，能对你们起到督促的作用。

LEE：好的。

(LEE 离开)

现在你的首席电气工程师面临两个麻烦——完成设计方案和应对愤怒的你。她必须重新做一个计划(这很有可能只是个空头支票)，并且每天进行汇报。现在她的关注点集中在你的无能，而不是她的不称职。她可能会记录你纵容客户增加附加项目，改变了合同的事实，这哪怕不是真的，但你还是需要花时间去反驳。她也可能转而向职能经理寻求帮助,为保护自己的名誉对这件事进行陈述,而她极有可能将责任推给你。接下来,她将不得不通知她的团队,执行新的计划,也可能做出一些诸如“强制加班”等行为,这简直就是一团糟!

不开明的项目经理可能认为:“通过强制和要求,我解决了这个问题!”这就是一个自大的项目经理的真实想法。可以看到,事情变得越来越糟糕。玛丽甚至不会再去努力解决实际存在的问题,而是去想方设法维护自身利益并且将矛头指向你。更糟的是,请想象一下,如果还有类似问题出现,玛丽还会再来找你吗?当然不会,她没那么愚蠢,上一次她向你提出问题时,你不仅没有帮助她,反而给了她更多的工作(一个正式的补救计划和报告),导致她的注意力分散在其他事情上——想办法证明问题是由你造成的,而不是她。

接下来,让我们看看一个更为开明的项目经理在相同的场景下会如何处理问题。

场景 B——开明的项目经理(EPM)

LEE:比尔,似乎 Framazoid 的案子要晚两个星期了。

EPM:哦,天呐。我们该怎么做?

LEE:嗯,我们也许可以跟设计人员弗莱德聊一聊,看看究竟问题出在哪里。

EPM:嗯,听起来不错。给他打电话吧。

弗莱德:我正在为附加的降额要求而烦恼,这个比我预想的要花费更多时间。

EPM:能派别人来帮忙吗?

弗莱德:我觉得助理工程师安可以帮我做核算。这对她来说可能有些难度,但却是个很好的学习机会。

EPM:超出的工时怎么办?这也将增加设计成本。

LEE:好消息,比尔。安可以核算成本,因为她为很多项目做过这个工作。

EPM:很好,能把她调过来吗?

LEE:应该可以,我跟她的领导很熟,他是个比较容易沟通的人,应该能答应这件事。但我还需要确认一下。

EPM:计划听起来不错,我们就这么干吧!

这个结局十分不同。当然这是理想化的、简单化的情节。但它折射出的原则是:如果在困难面前,你的态度是协助大家解决问题,而非简单的施加压力,那么团队会在问题出现时,会积极行动使其最小化。你将会看到他们在处理问题上的创造力和主动性。你没有理由避开问题,因为他们想看到你的努力,而非威胁。开明的项目经理在这种情形下没有向团队成员施加压力或强制要求,而是想:“在最开始着实被吓了一跳,但好在我们团队中有聪明的伙伴能够解决这件事。”他想问题的角度不是从“我”出发,而是“我们”。

现实中的问题通常不会如此简单直接,大都不能仅通过一次集体工作会议就解决。但是问题越复杂越需要团队协同作业，“跟你”（而不是“为你”）一起解决问题。作为项目经理，你比其他人更容易构建这种项目文化。应该抱有这样的希望——聪明、肯干的人协同努力一定会成功，而这也增加了你作为成功项目经理的概率。利用使人类到达食物链顶层的本能行为构建团队协作要比你想象的更简单。狩猎团队是构建团队的一个很好的例子，狩猎团队内部互相沟通，以狩猎危险野兽作为目标，为部落服务。在团队中，当越多听到“我们”（越少听到“我”“他”或“她”）的时候，你就能更好地利用它。能够协同工作的狩猎团队最终会获得成功，继续繁衍生息。而不能合作的则会被自然所淘汰，最终从基因库中消失。应将这种固有的行为变成你项目中的优势。

因此最有效的“管理方法”应该是大力宣扬“我们在一个团队中——无论成功或失败，我们都紧密相连”。

一个明智的上层管理人员曾告诉我，她可以接受的管理模式很广泛，只要那些模式管用。或许我们应该把这种思想叫做半开明思想。事实上，做出这种陈述的时代，当地文化正以胁迫文化为主流，而她试图允许更多以个人为中心的做法。这些年，管理方式倾向“柔软化”，上述这个上层管理人员的陈述表明她认同这些年逐渐被认为是无效的方式。

为什么在过去 20 年里非胁迫式管理模式逐步流行起来？其中一个原因是，我们与管理者的关系模式是基于童年父母或老师教给我们的关系模式。而在上世纪，强迫式教育模式盛行。那时，我们的父母和老师认为，打孩子、甚至在公开场合打孩子都是可以接受的教育方法。或者时常会听到父母们说“再……就揍你了”之类的话。但是在上一代或两代人，在学校和家庭里对孩子的体罚是非法的。如果你在受胁迫的环境中成长，那么就能接受在工作环境中的胁迫。然而，如果你在鼓励人权的环境中长大，那么给予充分人权的文化就会有效。

但是上层管理人员的责任不仅仅是“接受”更为有效的领导方式，例如：她还有责任培训她下属的管理者应用这些更为有效地方式。这就是我认为上文中这种陈述只是半开明思想的原因。作为领导者，我们有责任帮助其他人更有效地完成他们的工作。这里还包括我们的下属领导者和合作者。通过帮助他们提高效率，可以更有效地组织工作。

提升团队概念和团队精神是领导工作的重要内容。这就是为什么我们在之前的章节用了大量的文字对“团队成员的选择”进行讨论。有一个“好的团队”是确保项目成功的最重要条件。之前，我们讨论了所选择团队成员应该具备的品质，选择那些懂得互相尊重的，至少不能对他人有敌对情绪的人；团队成员在技术上应能够胜任所分配的任务；应具备勤劳、诚实的品质。另外还有一项重要品质——自信，这对建立团队自信起着至关重要的作用。“我们一定会获得成功”的想法是团队自我激励的方法。如果在项目中你和团队成员都有必胜的信念，那么你的领导工作已经完成了一半。如果你听到团队中有类似“我们会尽力而为”这样的声音，那么是最糟糕的事情。这有可能预示着失败。如果出现这种情况，你应该思考，为什么他们没有必胜的信心，然后消除这种担忧。必须把“我们会尽力而为”变成“虽然任务艰巨，但我们一定能完成!”。而且别忘了你作为团队的领导，也是团队的一名成员，也需要团队成员在你遇到困难时建立你的信心。

7.2 项目的推进和监控

项目的推进和监控是项目经理的关键职责。毫无疑问，这项职责独具重要性。但怎样实现和应该怎样实现所涉及的内容非常广泛。

第一步是给项目做一个合理的进度安排这是完成最终目标的线路图。假设有一个包含40个成员、为期4年的项目，那么它的详细进度安排可能很复杂。它的内容要包括很多信息，你可能会有一段很艰难的时期一叶障目，不见泰山。做好详细进度安排是一个耗费时间的巨大工程。假设你已经完成了这个详细的进度安排——谁会花费时间来学习它？而且三个月后，这个4年期的计划会发生某些变化，届时这个进度安排就过时了。

那么可以不做进度安排吗？当然不可以。最好的方法是创建项目顶层计划书，成员将从中获取项目的愿景，并将其视为总的指导原则。当然也需要制定详细的每日计划，但只能涉及近几周或几个月的时间。这是一种“渐进波动”的计划，其中只规划了接下来的几周或几个月的工作细节，当然要与全局计划相统一。这些计划应该尽可能能涉及参与人员。但是并非所有人都擅长制定这种计划。你希望员工层面能够执行计划，可能需要通过首席工程师或职能经理来完成工作，如果这些副手们尽职尽责，那么他们会督促员工来完成计划。但是别轻易假设他们会协力完成子计划——因为这不是很容易做到的。因此，你应该询问你的副手关于员工工作计划的完成情况。如果他们在你面前稍显不适，那么你就该感到担忧了。如果他们说“我已经告诉他们必须要完成”，那说明你还没有建立起积极的团队文化。

值得注意的是，子计划建立后，应在其中体现任务执行人员的姓名。我曾见过有团队成员忽视计划的情况，直到你把任务执行人的名字填上去后，问题才得到解决。当面对计划书时，员工们首先会浏览是否有他们的名字。你的工作是理清要做的任务，明确人员配置。对于员工来说则是明确自己要做什么。

假设细节计划的制定已经完成，现在你需要关注计划的进展。事情经常比计划需要更多时间来完成。对于那些完美主义工程师们，都会将工作打磨到完美，这种“打磨”也是最大的进度风险之一。这里以一个模拟项目为例，帮助你和你的同事理解计划的紧要性。

假设你正在粉刷卧室。而且，你和爱人今晚没有其他地方可睡觉。为此，一大早就开始粉刷,争取足够的时间。你先从窗户开始,房间有三扇窗,第一扇窗用时 1.5 小时,你意识到应该加快速度,于是你决定不做保护,直接粉刷。为了节约时间,选择不到外面午餐,只吃一个三明治。你发现天花板需要修补,墙体边缘需要保护。现在到了下午 2:30,你还没粉刷装饰,所以最好还是徒手画吧,这样虽然不够完美,但是你必须在这睡觉啊。好了,现在到了粉刷墙的时候了。天已经接近黑了,你需要借助灯光,现在到了晚餐时间,不可能出去吃饭,还是吃一个或两个苹果代替。随后,你完成了房间的粉刷。图 7.1 给出了房间没有开工前的样子。图 7.2 显示了你如何按时完成任务。把计划有关的事务从你(项目经理)转移给

图 7.1　时间敏感任务

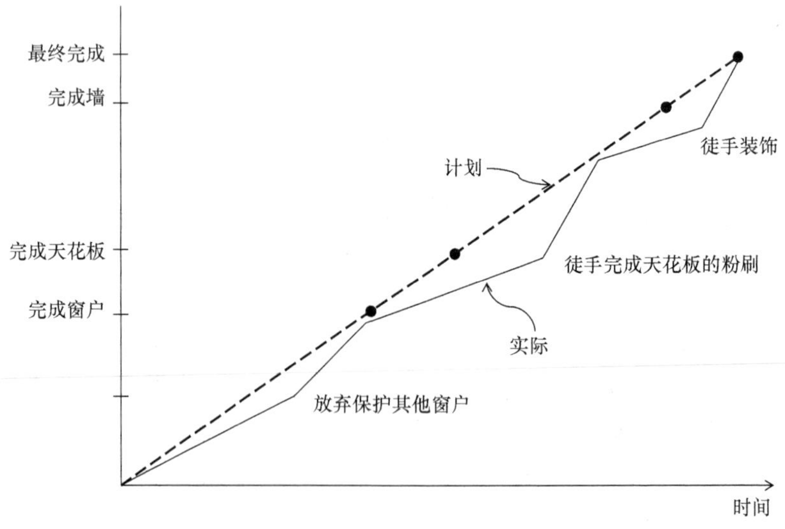

图 7.2　对进度的自我管理

工程师是完成任务的关键。必须转换成他们自己的计划。

起初工程师认为他们应该对墙进行保护，但是由于他们感到了进度压力，因此实际工作中并没有完成。如果近距离观察，可能会发现徒手操作的成果看起来不那么完美，但也是能够接受的。关键是要引导你的团队能够按照进度上的方式去思考。他们在付出适当(而不是全部的)努力的同时，必须自己能够发现如何加速工作来满足进度要求。记住，"完美"是"出色"的敌人，要求"完美"是完成进度的死敌。

7.3 项目监控——衡量标准

随着细节计划的建立(项目顶层计划以及近期工作计划)，你对任务及其成本(或设计程序、工时)分配进行了分析。对于大型项目，通常会有计划调度员和财务分析师来帮助你管理项目(请注意是帮助你"管理"，而非"领导")。任务和工时呈现的是预算工作(BW)，而你完成的是实际工作。对实际完成的工作进行量化，并与计划进行对比，再将计划完成日期与实际完成日期相比较，你可以进行一系列重要的对比和评估。这里对挣值分析进行了简要概述，在本书第 11 章将对它进行更深入的讨论。

挣值是项目中创造的价值。你希望挣值比实际成本高越多越好，这样表明你的获得比付出多。挣值概念用于建立费用绩效指数(CPI)，用以下公式计算：

$$CPI = BCWP/ACWP$$

BCWP 表示已完成工作预算成本，ACWP 表示已完成工作的实际费用。

当然，你会希望费用绩效指数大于 1，表示你已完成的工作所花费的费用比计划的要少。

还有一个类似的计算方法，用以评估任务的完成效果即：进度绩效指数(SPI)：

$$SPI = BCWP / BCWS$$

BCWS 表示计划工作的预算成本，BCWP 表示已完成工作的预算成本。

进度绩效指数可以让你从数量上看出工作的完成进度与计划相比较超前还是落后。值得注意的是，这一指数只能对比计划工作量与完成的工作量，而不涉及成本，这是计划完成工作与实际已完成工作的对比。与费用绩效指数一样，你会希望进度绩效指数大于 1。

因此通过监测费用绩效指数和进度绩效指数，就能掌握项目的成本花费及进度。当然，用数学公式进行对比是最直接的一种方法，兴许对善于数理分析的头脑更加有效。但盲目使用这些指标，也有其重大的缺陷——计划中对任务的评估未必准确。例如：如果你不小心对某些早期工作的价值(费用或计划的时间)评估过高，虽然费用绩效指数和进度绩效指数评估显示你的早期工作完成得非常出色，但未来的工作仍然面临困难。

挣值概念最好应用于生产类的项目，你可以根据历史记录确定工时和完成方法。例如：在制定某些组装工作的进度计划时，可参考一些历史记录来确定完成的时间和费用。相比之下，设计工作就很难预测，究竟能用多长时间完成。创造性工作中有太多的不确定因素难以预估。事实上，实际完成时间总是与你的计划相左。最好把挣值方法看做一种评估工作的能力，而不是评价实际工作效率的手段。不过，这一观念通常不被接受。盲目使用挣值分析会产生对项目的错误安全感，尤其是项目初期通常风险比较低。例如：构建需求模型之类的任务可以在你需要它“完成”时“完成”，不同的是完成的彻底程度。但对于类似电路板设计这样工作，对其功能有着明确的界定，则面临着进度风险。所以通过费用绩效指数和进度绩效指数评估计划完成情况，实际上就像拿水晶球算命一样，并不那么容易运用！见图 7.3。一个好的进度绩效指数可能是令人鼓舞的，但除非你一直对关键节点进行跟踪监督，不然也可能导致意想不到的结果——虽然项目大部分工作可能都超前，但所剩部分工作也可能遇到困难。

图 7.3　并非最佳评估工具

因此，应合理地利用项目经理定量评估工具，并适当地依靠基于质量的计划，尤其对熟悉的项目(如有很好的历史基础的生产项目)，这些工具是有帮助的。

7.4　关注质量

在监督团队工作进度的过程中，无论在工作实际还是数字统计方面，你都应该持续监控工作质量，更重要的是客户对质量的认可。这就像你购买那些价格昂贵的产品的时候，如：汽车或电视，如果它们的表现达不到你的预期，你将不再信任该品牌，或许永远也不会对它改观。

考虑到企业的未来前景，必须满足重要客户对您工作的期望。老客户很可能是企业未来业务的最大来源，因此更不能失去他们对您企业的信任。而你的团队比项目本身具有更大的责任来满足客户需求。高质量的产品——报告、制图、模型、硬件以及软件，是建立与客户之间和谐关系的关键，而不仅仅是获取品牌忠诚度。

这种和谐关系建立在对你及团队工作的认可之上，是项目成功的关键。很多时候，事情不会像计划的那么顺利，这时客户对挫折的忍耐程度，以及是否愿意与你共同将影响降到最低也是十分重要的。如果客户对你的工作感到不满，在处理类似问题时你就可能得不到通融或没有任何商量余地。

作为项目的领导者，同样是面向客户的主要接口，你必须清楚工程质量并将关注质量作为你个人的工作职责。客户们对你们工作的期望值各不相同，但你应该竭尽全力满足那些高标准要求的客户。这就意味着事无巨细，从重大事项（例如：确认指标满足要求）到一些小的事情（例如：校对报告的语法和拼写）都需要关注。一份报告无论技术如何出色，也可能会因出现的少量语法或拼写错误，被"淘汰"掉。所以要花时间（而不仅是计划）对报告进行校对以便终稿的确定。

当然，提交给客户的硬件和软件都应是无瑕疵的。你工作中应用的系统大多都是基于用户安全的。而为保证设备符合规格需要，应进行全面彻底的测试。此外，在质量监督方面，应寻求工程师、操作者和技术人员的帮助。没有任何测试规范能做到书写上无瑕疵，并能够涵盖所有可能出现的问题。你当然希望测试技术人员是谨慎的，甚至抱着质疑态度。假设一台设备在一定输入情况下，应该得到某种输出，你当然希望能够通过技术人员的验证。如果出现类似于电路板温度显著升高的情况，即使在工作环境或在测试要求中没有对电路板的温度加以界定，你也希望有人关注到这一点，并将该信息传递至设计人员，引起他们的注意，这就是一种质量文化。如果企业中缺乏这样的文化，那么将其引入项目就是你的职责所在。实现的方法有多种，但最有效的就是沟通和交流。你可以把团队成员组织在一起，感谢他们付出的努力，告诉他们这项任务的重要性以及质量对于用户和客户的重要性。团队成员要认识到当工作中出现一些不正常的情况时，作为项目经理需要了解情况，并开展调查。如果你未明确说明，你的团队成员可能误以为进度比质量更为重要。因此，除非无法满足试验需求，否则测试中出现的"异常现象"很可能被忽视。

针对项目中的设计工作，一定要开展由关键工程师以及高级工程师等参加的设计评审。在设计方案逐步形成的过程中，鼓励开展非正式的同行咨询和评审。

尽管设计评审很重要，而且是按照公司流程进行的，但也不能确保能够查找出全部错误。这就是为什么建立"同舟共济"的企业文化是如此重要。你的工程师与同行对其工作进行评审时，应该建立一种学习型文化和质量文化。不必担心评审和协作所发生的费用，因为这与不能满足客户所造成的损失相比只是微乎其微。重视质量是最能吸引客户的品质。

对于任何设备操作过程中出现的问题，作出快速响应是极其重要的。当设备投入使用后，客户面临的声誉危机就与你息息相关了。要及时处理故障报告。解决问题是工程师获得重要学习经验的过程，也是推动质量文化的驱动力。如果问题不能被及时解决，那么对你解决问题的恒心就显得至关重要了。在遇到困难时，必要时需要增派团队来进行协助。你的团队要有足够的经费来负担这种援助，但更重要的是快速的执行力。尽快查明问题的根源，到底是设备故障，还是接口设备有问题，或是之前没有发现的产品设计瑕疵。许多客户都希望签订"赔付"协议，约束供方的故障排查工作。"赔付"协议是指如果你方所提供的设备出现问题、安装错误或接口设备故障，那么就应对此进行保修。因此即便在项目成功后，你也应表现出对设备运行情况的关注。

比产品和质量更重要的是客户的看法。当然得到客户的认可的最好的方式就是拿出好的产品。但这并不是全部，有时可能还会引起误解，避免误解的最好办法是定期(如：每周)与客户电话交流，约定每周一个固定的时间。你的行动越快，就会越快地增进和客户之间的理解。这些行动可以是正式或半正式的，可以防止一些小的问题扩大化。

一些公司规定或要求客户对项目进展进行正式的评估。许多客户把这当做一次机会，也有一些客户认为这会让他们承担一定的风险——例如：他们在本月的评估中对项目进展给出了好评，然而下个月却发现了重大的问题，那该怎么办呢？这会使客户感到为难，显得他们在管理上不一致。报告过于正式，他们不愿意提供反馈，因此你应与客户共同努力寻找令双方都舒服且有价值的解决方案。你这么做的目的是为了了解客户的想法，方法可以是非正式的，仅在客户领导与你之间。你的管理人员想了解客户想法的话，应该依靠你所提供的信息。

7.5 客户管理

确保工作能够被客户所接受的好方法之一是每月提供进展报告，并询问反馈。这提供了一种沟通渠道，使一些诸如尺寸、质量或进度等问题能够得到尽快的处理。更进一步的，它能帮助你将信息"记录在案"，当项目中发生了意想不到的困难时，就能帮上大忙。复杂的工程一般都会遇到很多问题，那么尽快发现困难并及时采取措施解决就显得尤为重要。如果原客户经理调离，只要你有以往积累的工作月报在手，即使是再难缠的客户经理来接替，你也可以从容应对。如果你或团队中的员工编写月报，那么你也可以掌控该"记录"。一旦有信息缺失或延迟了，你就能很快发现它。当需要信息时，你和客户会有相关记录，为你节省很多时间。坚持每个月完成这类报告。不要低估坚持的力量，尤其是文件类的。

月度报告同样可以以半正式的方式，提醒客户那些需要解决的事情，尤其是需要客户采取措施的问题。半正式的报告将会由你的直接客户来阅读，或许还会有客户方其他人员或你方的员工来阅读，你可以借此机会获得你想要的信息。这种方式比电话或电子邮件更高一层，但又无法与合同信件相比。合同信件会得到更多关注，由你方和客户方的领导层阅读。例如：如果你的客户在某方面工作滞后了，你有权利"催促"他/她。但这样做你是在责难对方，那么他/她势必会感到愤怒，或迁怒于项目本身，从而不再重视项目相关工作。如果你通过合同信件（即正式文件）来告知对方的不足之处，那么你要做好准备，等待未来工作中更为细致的监督工作，否则，你就是在玩火。

当然，有些时候也需要因丢失信息或客户工作滞后进行正式的申诉。但过程应该循序渐进，就像在以下案例中这样：

(1) 口头要求——两次或多次（友好的语气）；

(2) 电子邮件——一次以上（更为友好的语气）；

(3) 提出进度报告要求（无恶意的语气）；

(4) "重要问题"中提出进度报告要求；

(5) 正式合同信件陈述要求。

(a) 要注意，这可能需要你确认针对因信息缺失而给项目造成的影响。你可能需要提供对成本和/或进度的影响的评估。由于它接近"索赔"，因此会很快得到客户方的关注。

(b) 如果已经到了这一步，你努力与客户营造的良好关系很有可能会宣告失败。你与客户的关系将变得很紧张，如果事态严重的话，对项目来说最好的办法是更换客户代表或你（项目经理）。（一旦客户代表与项目经理之间发生冲突，那么项目势必不会成功。）

最好在良好的气氛下解决问题。事实上，如果你与客户结成同盟，相互帮助共同推动项目进展，那么就证明你在客户管理方面的工作十分成功。在上面的案例中，当你试图得到所需信息或授权时，应该让客户了解到，你正在努力避免事件扩大化。如果能做到这一点，你的客户不仅会关注到你的需要，还因这种"没有揭发"的处理方式深化双方的合作关系。今后在遇到问题时，宽容待你。在与客户间的力量平衡方面，你占10%，客户占90%。没有人想要一个强大的敌人，但每个人都需要强大的朋友！

值得警戒的是，不要让这种关系反过来影响了工程进度或将它置于不合理的风险当中。这也是在玩火。如果你“隐瞒”了客户的不足，那么就要花时间或金钱来弥补它。记住，你的首要任务是在计划时间内，用预算的经费，高质量地完成项目工作。良好的客户关系是实现目标的一种手段。但对客户的拖延过分忍让，也可能会导致项目失败，因此应当尽可能避免。你不想解释推迟发货的原因是由于客户方没有按时提交文件，而同时你又没采取行动解决问题。如果追究责任，那么你和你想保护的客户都会因此受到责罚。

7.6 识别与规避工作误区

要确保在预算范围内按时完成工作，必须时刻警惕项目偏离轨道，并快速识别出现的问题。这对设计项目而言尤其重要，也极具挑战性。总的来讲，如果团队中的工程师由一群品质优秀、受过良好教育、有智慧的人组成，那将是一件十分愉快的事，他们具有很高的职业道德。尽管工程师们工作勤奋，但很有可能你会发现他们努力错了方向，或是在一些无关紧要的问题上纠缠不清。

另外就是需要管理（完成它！）和领导（能帮你做些什么？）相结合，凭借你的洞察力推动项目进程，确保团队的参与度。其中的一种方法是问问题——“为什么需要通过建模来预测电路的性能？”你或许发现，事实上电路已经构建起来，并且正常运行，而只是工程师希望精细化设计或更改模型。如果该模型只是辅助设计工具，就项目而言，模型是否有缺陷并不重要。

这里的挑战是——一旦意识到工程师自认为是很重要的工作，而以你的判断并不重要，那么就需要采取行动，而且又不能让工程师从项目中脱离。比如，如果你说：“玛丽，这个 Spice 模型不重要，你不要再做了。”你可能让她停下来了，但是并没有得到她的认可。你的语气越强硬，工程师的参与度就越小。更好的方法是与玛丽一起探讨为什么她认为 Spice 模型的改进工作是重要的。事实上，你也可能是错误的，这项工作确实是重要的。随着沟通，你解释了来自计划和经费的压力，她很可能会暂时放下建模工作，继续推进接下来的设计工作。通过这次谈话，工作会回归正轨，玛丽也将会把工作的重点放在你和她都认可的事项上。

在一些组织、工程或项目中，由于配有副手（职能经理或技术主管），你在这个层面上的工作可能会减轻。但是你不能盲目委托授权，因为职能经理关注的是工程师学习新技能和技术，而技术主管则只关注纯技术方面的内容。如果不巧，你的职能经理是个专横的管理者，那么你会发现，无论出现任何问题，你的工程师“只做指令性的动作”，每天 5 点准时下班。有攻击性的管理方式是项目经理要避免的，这方面一定要注意。

当然，如果工程师想要从事你们都已认识到的一些不必要的工作，那么他/她完全可以利用业余时间来完成以获得自身提升。事实上,从职业发展角度看这是令人称赞的。你应该表扬他/她,并且让他们的职能经理知道,他/她要利用自己的业余时间完成这项工作。工作出色的专家们会花费大量时间来提升专业技能,如果他们关注的领域与你的项目相关(如上文中的 Spice 建模),那么这将是一件三方(工程师、企业和项目)共赢的事。但是当然,没理由让你的项目来承担与项目无关的费用。

另外一种解决方案是,安排工程师承担符合其专长的工作。

这个例子来自于很早之前我的一名管理者,当时我是一名没有经验的电气工程师(EE),被安排完成一项设计任务。同样在该项目下工作的还有一位高级(更有才华)工程师。我们就称他为约翰吧。但老板指定我在规定时间内完成任务。约翰完全懂得这方面的技术和方案。事实上,他可以设想出多种方案并开展深入研究。他太想学习更多的东西,但并不关注完成设计。(当然,就是这种持续学习的精神让他变得如此有才华。)由于约翰缺乏“完成任务”的基因,老板很明智地派我来完成设计(他了解我有这种“完成任务”基因)。约翰一旦清楚我的窘境(即完成一件不太了解的工作),出于同情,他会专注于这项工作。当时对我来说并不容易,约翰试图把所有方案的细节都教授给我。我当然也对学习很感兴趣,但是受“完成任务”基因的驱使,我更想要选择其中一个,并完成设计。我认为,可以等到设计由概念到形成草图之后再开始学习。

尽管,高级工程师深谙设计,但还是由年轻的工程师负责此项工作,这有点不合常理。但这确实是有效果的。我的老板充分认识并发挥每位工程师的才华和个性,使得工作按时完成,既满足了约翰继续开展他的研究工作的要求,也让我获得了十分珍贵的经验。这真是明智之举。

这个案例及以上的讨论旨在说明,作为项目经理应该警惕那些有损项目进展的问题和散漫的工作情绪。虽然情况各不相同,但解决方案基本一致。尽量去理解你的工作伙伴,弄清楚他们的努力方向是不是有必要的,与他们探讨任务的价值,具体工作如何与工程整体利益和目标相结合。一定要相信他们比你更清楚自己的工作,显然他们也会是这样。敞开心扉来理解他们所认为的重要性。你需要去相信他们(聆听他们),一旦清楚成本和时间方面的限制,他们就会集中精力去做那些对项目进展有益的工作。

7.7 “卡壳”与“松绑”

在设计项目的过程中,工程师常常会在技术问题上“卡壳”。这时你的工作(虽然你可能配有技术主管或经理)是识别并帮助他们“松绑”。你应该警惕,哪些工作可能会比预期的时间要长。假设,一项工作计划 2 个月完成,不能等到最后才发现离节点只剩下一天,任务却不能完成。(这是另外一个案例,证明你不能完全依赖指标精确评估项目进展。)帮助工程师走出困境,是一件敏感但很重要的事情。工程师们往往坚信他们攻克难关已经指日可待。你既不想怀疑他们,但又不能坐等无法实现的事情发生。选择在合适的时间介入,是一种挑战,而如何干预则又是另一个挑战。与之前探讨的问题相似,解决方案就是前面提到的——尊重员工,在技术上尽量谦逊,相信他们比你了解得更多,让他们明白你面临的预算和进度压力,一起解决问题。经典的项目管理问题——“这项工作搞定了吗?”在处理这个问题时是有效的,但资深的项目经理会做得更进一步,即用友好的态度多次询问“这项工作搞定了吗?”,或让你的职能经理来询问,但希望你能采取一些更有效的措施。通过与工程师进行讨论,你和他/她可能会对行动的进展达成一致,这样实际上就可以帮助工程师。共同参与的处理方式,例如你们共同决定邀请专家顾问一起讨论,这基于你的平易近人和你在处理问题方面的建设性风格。没人愿意跟一个只会发怒、施加压力的人探讨问题。你应该让团队始终感觉到你是平易近人的。

如果工程师 A 看到你对工程师 B 大喊, A 和其他知悉此事的团队成员就不会告诉你那些可能会让你发怒的事情。这样你就无法获得有关的问题信息,你就不得不用哄骗或胁迫的方法来得到。工程师们通常都十分聪明,他们会掩盖问题。但是你恰恰不希望问题被掩盖,而是希望工程师们用他们的实际行动来解决问题。

因此你面临的挑战是,无论面对的消息是好还是坏,都应该表现出对团队的信任,并协助他们解决问题。假设一开始你就邀请专家来帮忙,那么会伤害工程师们自尊心(换位思考的话,就不难发现这样做的风险性)。但是如果你和工程师探讨困难所在,让他/她自己提出求助。这样,就是工程师自己解决问题。此外,还存在其他的挑战——让遇到困难的工程师承担问题并不要害怕求助。你应当以正面积极的态度来强调这件事:“你请玛丽来协助处理这个难题实在是太明智了!其他工程师都是脑袋撞墙几天才提出求助。”对比一下,如果你这样说:“你怎么搞的?你究竟懂不懂电路?你还敢说自己是工程师?”相信我,这两种处理方式我都见过,而他们所获得的效果,真的没得比。

7.8 客户动力

我们大多数人都希望能够满足客户的要求。有这样一种认识:满足客户的需求是能够继续被雇佣和令领导满意的前提条件。不论是出于什么动机,作为项目经理的你,可以利用客户来帮助你激励团队。你让工程师们越多地了解客户对他们工作的肯定,他们就会把越多的努力和诚意投入到工作中来。事实上,一旦他们在客户的心中建立了较好的信用形象时,他们就会越投入越多的努力以确保这种信任不会消失。

面向客户的成果演示是推动项目进展的最有效方法。明智的客户不仅会把演示和会议当做检验项目的手段,更会将其视为推动项目的动力。清晰的目标是推进团队项目的重要因素。作为项目经理,你可能很善于建立那些目标,并使其成为内部目标。而客户成果演示就截然不同。在团队中可能会有些人认为你所设定的目标是不重要的,甚至是不必要的(当然,你要提醒他们这些目标的重要性),却没有人会质疑合同中所规定的成果演示的重要性。客户访问很重要,高层管理者尤其要注意。因此,你必须把各项动力尽可能协调一致:

获取团队成功;

获取项目成功;

满足客户的愿望;

提升客户声誉;

提升同事声誉;

提升职能经理声誉;

通过你的管理及客户的帮助,使自己满意并远离麻烦。

树立了清晰的目标——"我们要在 4 月 14 日之前完成这个分系统的设计任务",你就会取得显著的进展。而那些不重要的工作(如之前提到的 Spice 模型)就会自然而然被搁置一边。团队成员会集聚一起,那些不直接参与的成员也会暂停其他任务,努力确保演示取得成功。为实现目标,团队成员可能会加班(这时你可以买个披萨犒劳大家)。为了成功演示而形成的动力,有时可在演示任务结束后在团队内部一直延续下去。

在制定合同细节内容时,应考虑到客户演示所带来的力量。虽然增加演示看起来提高了风险(事实上确实如此),但你应该同意甚至应该建议增加这部分内容,从而获得团队驱动力。随着演示日期的临近,你可能会怀疑这个想法,但你会更为清晰地发现客户演示带来的驱动力在团队工作节奏和态度方面带来的好处。向观众展示你的工作成果本身就是很令人激动的(即使是外力使然)。

另外,针对合同中规定的设计阶段交付物,这一点同样奏效。所影响的力度和范围不如客户演示明显,但这种驱动力和专注力会使项目受益。客户的节点会受项目外的工作人员以及更高层的领导关注和监督。交付物较多的项目带来的积极性较高,同时也增加了你和团队的压力。但这种压力也是重要的驱动力。

然而,需要注意的是,要保证交付物有助于促进和监督项目的进展。没有价值的报告或分析研究也会给设计工作带来影响。因此,在确定可交付物过程中,你与客户之间的沟通能力就显得尤为重要了。在很多案例中,当提交物列表形成前,你可能没有渠道与客户进行交流,如一揽子投标项目。但是,如果你取得了客户的信任,那么即使合同已经确定了交付物,你和客户仍有机会进行修改。

7.9 保持上层管理的参与度

作为项目经理，会非常忙碌，要保证项目的持续推进、监督项目进展、控制经费、激励团队、构建和维系和谐的客户关系、确保项目达到交付标准，确保上层管理者的信心使其相信项目在正常运行中(而且工作完成得不错)。

不同的公司、不同的上层管理者，评价工作进展的方式也是不一样的。公司文化不断发展，从成功、失败的项目中积累了大量经验教训，评价标准也会发生变化。如果公司的其他重大项目出现失误，你也应该做好接受细查的准备，这是典型的无辜者受牵连的案例。你的管理人员会担心，并确认在你所负责的项目中没有类似的失误。你也应该从别人的失误中吸取经验和教训。

通常情况，要对失误进行正式分析，并且公布分析结果。项目的成功很大程度上都依赖于项目经理，因此你的上级可能就项目经理如何理解和解决问题、管理经费、满足客户需求等方面进行能力评估。我曾经见过一些被认为是很成功的项目经理，他们的脸上总是一副愁容。这种愁容让你的上级领导觉得更安心，但对你的团队来讲并没有激励作用。人们通常愿意跟随成功的领导者和那些期盼成功的人。自信是十分重要的团队领导技巧，或者说这是种天赋(表现出的自信是技巧，自然散发出来的自信则是一种天赋)。选择团队时信心是考虑的重要因素。拥有好的团队就容易拥有自信。构建一个好的团队，把团队成员的天赋运用到工作中来，这就是你的任务。因此，团队的信心是你事业成功的前提。

通常，上层管理人员最常用的考核方法就是开展正式的项目检查。可能每个月进行一次，但是一些项目的检查可能延伸至一个季度。而那些没有按照计划推进的项目，也可能需要每星期进行一次检查。(项目检查会在接下来的章节进行深入的讨论。)

通常，项目检查需要提前完成一些汇报材料。在 PPT 盛行的时下，汇报材料制作非常容易，但令人啼笑皆非的是，又增加了对更多汇报材料的要求。图 7.4 为项目检查汇报。(我建议，在汇报中你的表情要看起来自信一点，PPT 中展示更多实质性的内容)。

汇报准备得越充分，在检查中你就会越有自信。潜意识地，这种自信也是人们希望看到的。但也不能让你的自信被误解为傲慢。因为这会比“空洞无力”更让听众焦虑不安。肯定你的团队在项目中的积极作用，会让你看起来不那么傲慢。当然，这一切的前提就是项目有所进展。

我曾经接手过一个糟糕的项目(第 14 章将详细探讨接手项目)。我努力尝试减小损失，但损失仍然扩大，不得不向上层管理人员去汇报问题出现的原因以及现在的努力方向。(曾经有一段时间，我被认为是个天才，那是因为我发现了 25%的

图7.4 项目检查

经济问题是计算错误导致的:部分内部、外部共同完成的工作中存在成本加倍计算的情况。但只有出现这一问题你才会发现,剩余的75%才是真正的问题所在)。但是我认为,我已经尽了最大努力,解决的问题比出现的多,我很自信我是个对项目有所帮助的人。汇报结束后,副总裁评价说:"查理,感谢你,让坏消息听起来也挺好的"。(我很高兴他没说:"查理,感谢你,你是个有能力的项目经理"。)

项目中的日常领导工作看起来是比较琐碎的事,对汇报所需的数据进行日常分析是非常有用的。另外,团队中负责管理合同、经费、质量等的成员要提供相关领域的汇报材料。将数据转化为图表,会对项目检查十分有益。这些图表也经常用于团队项目演示汇报中。虽然他们很熟悉项目的具体细节,但清楚看到呈现给上层管理人员的内容也是很有好处的。这样可以有助于理解你的工作,甚至还会产生共鸣。一些团队成员可能觉得你的工作很轻松——而一些团队成员可能觉得你会被检查吓倒——那么,产生共鸣,可能会让他们更理解你。对于你来说,在经历过最初的几次项目检查后,你的紧张情绪也会逐渐消退,并把这件事仅仅当做工作的一部分。

项目检查都会令人紧张。在项目检查当天,我问焦虑的项目经理同事,"项目检查当天最好的事情是什么?"通常,他们都想不出有什么好事情。而我会给出这样的回答:"是距离下一次项目检查最长的一天!"

7.10 问题识别与处理

通常项目都会遇到麻烦,这里有个很好的解释——"他们本身就是麻烦"。你的工作就是要警惕这些迅速发展起来的问题,并及时采取行动加以纠正。根据项目的规模、当地的文化以及个人技能,可以通过不同的方法来发现问题,如:与员工谈话或者利用项目评价体系。这些方法都有误导的可能性,因此需要一套质量与数量相结合的监控系统。

费用绩效指数是体现项目进展与成本关系的重要指数,这在"项目监控——衡量标准"一节中进行了讨论,并将在第 11 章进行更深的研究。在本章中,我们认为至少每个月都应关注项目费用绩效指数。你将如何解读,这里涉及技术和经验两方面。正如你所知,费用绩效指数=1 时,意味着你按时完成了任务,所用经费恰好与预算成本相等。因此,如果能够在项目结束时依然保持费用绩效指数=1,那么你非常成功。当然,说起来容易做起来难。要记住,数值为 1 或者更为理想的费用绩效指数可能会麻痹你,暂时陷入到一种虚假的安全感中。

那么如何看待费用绩效指数=1 的欺骗性?如果对项目早期估值过大,而实际工作按计划完成或花费更少的时间或经费,你会觉得很有成就感,但是同时这也可能意味着对项目后期工作估值过低。也就是说,实际工作中项目后期会比预期花费更多的时间或经费。像设计电路这样的设计工作通常很难准确地预测完成时间。很多状况,如缺少零件、没有经验的工程师、不清晰的指标要求都会拖延工作时长。实际工作(如完成和履行设计)的工作量通常在项目结束时才会得以确认。你也要记住,在项目中后期,人员数量会达到峰值状态,这一阶段的实际工作量被估值过低的风险很大。项目早期任务可能包括系统工程类任务,例如识别和派生需求。这些任务并未明确规定,因此认为是不需要"完成"的。事实上,在面临进度压力时,很容易就把这部分未明确规定的任务视为"完成"状态。

因此,当你投入了大量宝贵时间确定需求,也许并不是 100%完整或准确,但是也在计划时间内完成。这种情形下,会让你产生一种盲目的自信。事实上,系统工程任务未被彻底执行是引起设计任务超量的另一个原因,而你的计划是基于系统工程任务 100%正确进行的。

所有这些表明有必要制定比较准确的计划,而且你必须全力以赴。如果没有制定计划,那么你必须寄希望于你的前任已经制定了 100%正确的计划。

从正面来讲,你不需要给每一个任务投入或分配所有的时间,这是明智的。可以留出一部分时间作为管理储备(MR),如果事情进展的不顺利或耗费时间更长,你还可以有额外的时间/金钱去解决问题。通常情况下,管理储备都被指定用于某些特定风险,风险的识别和量化则取决于你有根据的推测。如果你确实可以预测所有的风险,担任项目经理将变得很容易,但事实上你并不能完全做到。

因此,量化分析(例如监测费用绩效指数)有潜在风险,你要怎样做才能确保项目顺利进行呢?使用进度绩效指数或人工方式监督进度以及成本情况是确保计划顺利执行的一种方法,虽然量化内容较少,但也很重要。与从事工作的人员交流,采集准确的数据,是监督业绩的最佳方法。在与团队成员交谈中,能获取到有价值的信息,可以采取补救措施。例如:

项目经理：约翰，前端电路板设计进展怎么样？

约翰：进展顺利。

项目经理：很好。什么时候能开始制图？

约翰：我不是很确定，也许月底???

（注意：如果约翰不知道他什么时候能完成，他怎么能描述目前的工作状况呢？）

项目经理：我们看一下你的工作进度吧。

约翰：好的，如果我能找到的话。

（注意：看来工作是否按期完成并不是约翰最担心的事情！）

项目经理和约翰一起查看工作进度，发现应该在一周内进入制图阶段，而不是"月底"。此次对话使得约翰及时调整工作进度，必要的话可以寻求帮助。如果你仅仅在月底的时候才检查费用绩效指数，你可能发现某个任务已经迟了，而且是在三周以后！现在除了尽快弥补这三周时间带来的损失以外，你应该让约翰认真思考，毕竟进度是很重要的事情。否则他会认为在任务时间节点后才会有人来检查他的工作。

因此，监测费用绩效指数并不是一种前瞻性的管理方式。它会告诉你事情进展的并不那么顺利，但都是在很糟糕的情况发生之后。事实上，如果费用绩效指数有滑落，你需要花时间去找出具体原因。与从事该工作的人员交谈（在大的项目中，还包括相关工作的管理人员）远比监测数据更重要。并且，这带来强烈的、显著的间接影响使团队人员明白工作进度十分重要，你在密切关注它。

前文讨论过，当你察觉到问题时，知道何时进行干涉，以及如何有建设性地干涉，都是计划执行中的一部分。该技能对于弥补工作进度或成本造成的损失是十分重要的。但是首先你必须意识到问题的存在，否则这种能力没有实际意义的。通常情况下，技术人员头脑中并没有工作进度，并且很少提醒自己计划已经推迟，应该采取补救措施。你需要在接下来的数周内进行检查，并且确保让工程师重视工作的进度，能将进度或成本损失降到最低。

随着项目的继续，工程师已经比较关注工作进度，你就会转为关注那些不太重视进度的工作人员。你也许会听说（而且有可能是事实），计划的时间根本不足够完成任务。但是不要立刻就开始启用管理储备。最好的解决方法是，一起找到在计划时间内完成任务的方法。请注意，要强调的是"我们"。

如果你假设自己是工程师，你可能会认为，被要求在规定时间内解决问题是不公平的。毕竟，工程师可能也领不到加班费，而且要承受由别人引起的压力是不公平的。这就要求你具备更好的领导艺术。工程师需要明白，无论这个问题是怎么形成的，都需要解决。在你的帮助下，他是解决该问题的最佳人选。告诉工程师："……明天早上将补救计划放到我的办公桌上！"，并且每天都检查计划的进展情况。这绝对是一种错误的方法。如果这样做，你不仅没有授权给工程师，而且还让自己承担了该任务的责任。如果你明确告诉他，具体怎样去做(或者列出一份详细清单)，工程师就会严格按照清单去做，不会再做任何额外工作，也不会在晚上或周末加班，因为这已经不是他的问题了。如果你能与工程师坐下来，一起探讨一份计划，并让他明白他才是该项工作的主体，那么工程师会投入更多的心血(也许是更多时间)去解决问题。

如果你将自己设身处地地摆在工程师的位置上(你们共同承担问题)，那么这种对员工的工作指导就不是一件难事。如果你是工程师，你希望得到怎样的对待?想一想，然后就这样去做。依靠命令，你得不到真正需要的。告诉某人具体去做些什么，听到“我试试去做”的回答，可能在短时间内感觉不错，你可能会继续说“你要做的不仅是试试，最好是确实去做!”。如果你听到“好的”的回答，可能就是让你走开的意思。

一个糟糕的管理者得到的是口头上的应酬话。良好的管理者可以得到自己想要的结果(但想要的结果有可能是错的)。一个优秀的领导者将得到他(或团队)真正需要的结果。

7.11 当任务真的变得糟糕

当采用前文讨论的监督战略，并使用正式的挣值技术时，你就具备了检测出问题的工具，并且能快速解决问题。但不是所有的问题都能如上述案例一样被轻易地解决。让我们基于你可能面临的实际情况，假想一种场景。

假设你的项目团队有十个人：两名软件工程师(SWE)，五名电气工程师(EE)，一名系统工程师(SE)和两名机械工程师(ME)。合同规定你需要在 5 月 15 日提交一个子系统。现在是 5 月 1 日，当把软件下载到客户设计的硬件中时，系统崩溃了。客户团队将于 5 月 14 日乘飞机抵达，5 月 15 日一大早开始工作。你不希望当 15 日客户来访时告知他们演示无法进行，于是设想了以下补救措施：

(1) 指派两名设计硬件的电气工程师进行彻底检查——强制安排加班。

(2) 指派软件工程师将代码分解为 25 个很小的模块，每次添加一个。(事实上，你认为他们应该已经这样做了)——强制安排加班。

(3) 提出一个修复计划，按照计划追踪进展。

(4) 给客户打电话，希望他们推迟到访，直到你方解决问题。

(5) 通知整个团队，今后将会安排早 7 点例会，跟踪进程——每个人都要进行汇报。

但以上建议都不是特别好。强制加班，特别是仅针对团队中的一部分人，不是一个好主意。处于压力之下的人可能会感觉(通常情况下还认为是很有道理的)这并不是他们的错。给客户打电话也不是一个好主意——因为你应该自始至终树立团队是有能力的形象。错过一次重要的交付或演示对项目经理来说并不是一件有益的事。要记住,客户需要向他的管理者解释,推迟是你造成的。之前的工作汇报中,他对你的工作进展评价一直是正面的。目前推迟的话,你就需要解释,就像解释为什么报告有错误的一样。与顾客建立一个这样的关系并不是一件好事。

鉴于这些方法都不是很令人满意或可行,你需要更多积极的方法。我的经验是,解决这种问题的最好方法是将整个团队召集在一起,告诉他们顾客即将来观看演示,但是我们没有任何东西可以展示。引导大家展开讨论,怎样解决问题。讨论以上列出的那些不令人满意的建议,帮助他们提出其他的建议。整个团队都应该参与其中,因为越多的员工参与(在合情合理范围内),越有助于找出好的解决方法。也许有些人会建议,系统工程师作为解决问题的能手,应该与硬件和软件员工一起查找问题,更理想的是系统工程师自愿去做这项工作。(人们喜欢发挥自己的真才实学,因此这完全是有可能出现的。)尽管你也可能在自己私人办公室中想出同样的建议,并且解释给团队——但这是你的建议而不是团队的。

为什么有些人(例如系统工程师)明显不该为此事负责,但仍要帮忙解决它?显然,这并不公平。你也应该有这样的反应:"是的,这不公平"。但是在一个真正的团队中,一个成员遇到问题,就是整个团队的问题。如果团队中的成员和你一样都把圆满完成客户演示作为自己的责任,如果你创造了一个真正的团队环境,你也许可以帮助团队选择合适的建议,但这些建议以命令的方式给出都是不恰当的。团队成员可能会发现,要在规定时间前完成,就需要加班。也许还会有部分不需负责的成员也愿意提供帮助。要知道,团队的协同讨论是解决复杂问题最有效的途径,这意味着团队成员众志成城,目标一致寻找解决方案,那么即使最严重的问题也能被攻克。你命令不了成功,也要求不了成功。但是,你却能够引导成功!

7.12 抵消性因素和优先级

作为项目经理,你必须时刻平衡那些影响质量、成本、顾客满意度和项目进度的各种因素。工程师为了实现设计方案最优,可能超出所需的指标要求。还有一些工程师们希望重新设计电路板,这样可以大幅降低续生成本,或者提高产品效率。我们可以将这种行为称为"过度追求质量"。客户认为指标要求中需要有一些模糊地带,即有一部分超出你和团队所设想的内容。你有没有做出让步,满足客户的意愿?你的上级领导坚持按时交货,或需要投入市场推动现金流。软件工程师认为她原本计划使用的代码有点卡,需要重写。制造团队坚持认为,如果月底还收不到图纸,他们就不能按时完成工作。

你的工作就是让所有问题井然有序，确保团队参与其中，项目在成本预算内，顾客满意，上级对你有信心。但是，这确实很困难。你需要做到有理有据，能帮助别人，并且具备同情心，但同时要避免项目受到不必要的干扰。在解决问题、作出决策时，把相关的员工组织起来，给予其尽可能多的空间(想法可能会很昂贵)。

客户是影响成功的最重要因素。正如团队中坚持己见的成员一样，你在客户面前也要保持坚定的态度。始终谨记签约的重要原则——合同的制定者对条款内容是否明晰负有责任。如果你能针对合同的模糊地带提出合理的解决方法，那就满足要求了。客户不会挑剔你采用何种方式进行设计，但是必须要满足设计需求。如果他们对实施方式提出了额外的要求，并且你在成本和进度范围内完成了这件事，你有必要让客户明确知道这是提供的额外“帮助”。这种做法不仅可以获得客户的信任，还能让客户意识到未来出现的模糊地带事项都在你的掌控范围之内。如果客户要求是不合理的，你必须指出它“超出范围”，并且征询客户是否愿意承担费用。通常情况下，这足以让那些昂贵的要求打退堂鼓，但是有时你可能会因此陷入范围界定的争论。再一次声明，通过讨论的方式找出双赢的办法是获得合理解决方法的关键。在这种情况下，要回答的关键问题就是“为什么需要这么做?”或者“为什么要这样做?”也可能有简单的方式解决这些技术问题。第 12 章中会详细介绍谈判哲学。

7.13 检查和避免“合同范围蔓延”——内部

客户的喜好导致工作范围的无限扩张，是设计项目时最危险的情况。你必须时刻保持警惕。“范围蔓延”可能会发生在项目组内部，还有可能是客户导致的。

团队(或是你本人)想要设计出最好的产品，将会导致内部的范围蔓延。这看起来是没有任何问题的，因为想要做到最好有什么错呢? 这确实没错，但是需要明确什么是客户在合同中规定的。要记得，你的工作是为公司赚钱，这就意味着要最低程度地满足合同的要求。要求你的工程师也这样想不太可能，他们只会思考怎样将产品做好，而不是做到满足最少要求。当然，你希望他们设计出令大家骄傲的产品。如果这是客户的特定要求，且符合你的价值，这是最理想的。

在每一个设计合同中都存在模糊地带。理想状况下，有一些特别明显的模糊地带状况会在成本加合同或工时与材料合同中明确。但是为控制成本，可能会签订固定价格合同或混合式合同，比如财务基数是固定的，但若超出成本，需要成本共担。即使是在成本加合同中，也必须控制成本，这并不是“自由处理权”合同。客户有权利要求花费多少成本，生产出多少产品。

因此，对团队的工作进行审查是十分重要的，这样可以确认“把工作做得更好”

的愿望不会导致过度投入和进度延迟。你一定不想看到工程师在超额完成工作后还要付出更多。为了防止这种情况发生，建议你最好确定工程师们明白只需要满足合同要求即可，而不要超出合同要求。逐渐灌输这种技术上的保留并不是一件难事。如果你在团队会议或者与设计人员的一对一的讨论中，解释清楚我们只需满足客户提出的性能要求，工程师就会明白这种理念。你需要经常审查这一理念，并提出一些会让人泄气的问题：

玛丽：我们完成了测距仪，比预期的精度提高20%！

你：听起来很好。规格要求是什么？

玛丽：我们的精度远超过要求。

你：听起来不错，但这是不是要比满足最低需求，花费更多的时间？

玛丽：是的，这事有一点难度。

你：你大概用了多少时间？

玛丽：很难说，差不多4天吧。

你：所以，你和你的同事完成其余工作的时间可能就少了32小时。

最后，玛丽可能会感到失望，她会记得工作超过预期要求所带来的负面影响，而不是喜悦。你需要完成以下的对话：

你：我会试着去让客户认可你所做的额外工作，这些时间的付出可以得到回报。但是玛丽，你能不能帮我一个忙？

玛丽：什么事？

你：继续认真工作，但是在你下次想超出合同要求以前请先与我沟通一下。如果承担的其他工作节省了成本，我们可能还会有预算；或者这部分额外工作可以取得巨大改进，我们可以向客户提议，得到变更认可。但是在工作完成后再追加费用是不可能的。

当然，让玛丽学到这个经验使你付出了32小时的代价。这对于一个大项目来说也许不是什么大事，但是如果不借此机会进行教育，玛丽还会一再犯类似的错误，那时你付出的代价远远超过32小时。要记住，你与合同范围的紧密关系是与合同类型有关的。特别是在成本加合同中，客户可能不愿意为合同外额外完成的工作付款。要始终尊重客户的金钱，要意识到你是金钱的管理者。

通常情况下，工程师不太关注成本和进度。他们需要有人能够时刻提醒他们不要超出工作范围。假设项目任务很明确，分配完成的时间很精确，那么关注进度执行情况是最重要的方法。如果工程师感到他的每一个小时都必须符合进度时间，工程师可能就不会再给自己增加额外的工作。不幸的是，许多设计任务我们都不给出精确的评估，并不是每一个工程师都关注进度或能掌控进度，或者是判断什么属于超过实际要求的工作。

因此你要做的就是不断提醒整个团队预算很紧，以及完成进度的需求。接下来，你就要使用老掉牙的问题询问工程师：“进展得怎么样？”。如果你明确表示不希望发生超出合同范围的情况，并且与工程师相处和谐达成一致，那么你可以通过与工程师的对话最先发现这种苗头：

你：玛丽，测距仪进展怎么样了？

玛丽：进展得不错，我想我能提升20%的性能。

你：真的吗？这很好。但是这是否会耗费你更多的时间？

玛丽：我想是的，我应该怎么做呢？

你：我们需要紧跟进度，而且对于额外的工作，我们也没有资金支持，所以我认为你不应该继续这样做。

玛丽：如果我是利用自己的时间完成呢？

你：你对这件事有热情，我很开心，但是如果这将耗费你数天的私人时间，你所付出的就太多了，你认为呢？

玛丽：也许你是对的。不要担心，我会按照时间进度，如果在这个时间内能提高一点性能，我就会做。但是我也明白了，要“遵循时间进度”。

你：十分感谢，你知道，我也想让产品更好，但是我和你都需要持续关注成本。如果拖延时间或花费更多的成本，而产品的性能只获得很小幅的提升，客户是不会高兴的。

玛丽：我知道了。

这段对话可能会耗费一定的时间，但用5分钟节省了32小时。更重要的是，这次谈话使得玛丽更加重视她的任务进度，以及她承诺的任务完成时间。

在指标管理中出现“工作范围蔓延”，还有可能导致另一个内部风险——职能管理。职能经理可以帮助你控制成本和确保进度，比如询问“进展得怎样”，给按时完成和控制成本的工程师奖励。在大部分时间里，职能经理可以帮你控制成本、保持进度。但职能经理可能还有其他的动机，与你的目标不一致。职能经理希望工程师在项目中成长，而学习新技能就是成长的一部分。如果在项目实施过程中鼓励工程师学习新技术，对于工程师和职能经理来说也许是好事（当遇到其他项目时，让工程师参与其中更容易），但是对于你和你的项目来说会很糟糕。学习成本、经验教训的代价是十分昂贵的，也是你成功执行项目的一个风险。谨记这一常识，工程师应该努力使老板满意，因为老板才是评价其表现如何的人。因此你应该警惕那些“经验学习”。你需要确定，职能经理已经清楚预算和进度的紧迫程度；如果需要完成什么学习内容，也应该来源于职能经理的预算，而不是项目的预算。此外，还有一个道德问题是，合同经费还要包含工程师学习必备工作技能的投入是不公平的。

7.14 检查和避免“合同范围蔓延”——外部

正如工程师追求最好的产品，客户也是一样。与客户保持良好的合作关系，会极大提高项目成功的可能性。你希望工程师与客户技术人员和睦相处，但是，这种亲密关系同样存在风险。我曾见过很多禁止工程师与客户直接交谈或至少在有人监督的情况下才能与客户沟通的案例。当然这既有损人格，也不礼貌，因此不值得推荐。

当客户和工程师双方都存在“合同范围蔓延”的趋势时，只有你才能加以控制。当然，这肯定不是件容易的事儿。对内与对外，同样都要保持工作范围蔓延的警觉性。

弗雷德：杰克(客户)今早打电话，问我一个问题。

你：什么事？

弗雷德：他希望我给备用电源增加一个CST(连续自测)。

你：这不是合同范围以外的要求吗？

弗雷德：我想是超出范围的，但并不难做。只是改变一个软件，硬件已经完成了。

你：需要多少时间？

弗雷德：我认为几天吧。

你：这其中包括软件回归测试的时间吗？包含更改测试说明书(质量和数量)的时间吗？我们需要测试每一个单元的特性。这将会增加生产测试时间。也许一个单元测试只需要1小时，但是120个单元就需要120个小时的测试时间。

弗雷德：我没想到这一点。这似乎要耗费几周时间，而不是几天。再加上增加的测试时间，就要几个月了。但是我已经告诉杰克，我能做。

你：你已经告诉杰克你能做，但是你还没有告诉他你会这样做。我们现在就给他打电话，告诉他改进工作比开始想象的要多。如果真有必要的话，请修改合同需求。我知道，现在处境很尴尬，但是我们不可能为增加的成本买单。我们必须如实告诉杰克。你想自己告诉他，还是我来说，或者由我们一起打电话更好？

弗雷德：这是我引起的麻烦，我负责解决。

你：很好，值得赞赏。那么打电话吧。

假设你给客户打了电话，他也认为新的要求不是指标所规定的，还表示会考虑是否需要在合同中增加相关服务。这是一个很好的结果，弗雷德学到了两件重要的事：通常情况下，项目变更远比想象中的复杂；他没有权利直接向客户做出承诺。在处理此事过程中，你能保持理性，而且对弗雷德表示理解，因此他不会感到很尴尬，更不会在未来的相处中对你避而远之。事实上，他可能意识到你具有更好的掌控全局的能力，未来会更乐意与你商讨。

但是，如果你和弗雷德给杰克打电话，但是杰克不认为新的要求是超出范围怎么办？他认为这很重要，必须进行更改。对于你来说，这是一个问题，而且是个难题。你需要提醒他，在今早之前并没有谁提出新要求，请他指出指标中哪里有这一项规定。当然，杰克不会这样做。但是，如果杰克很固执，这会是一个大问题。你需要向杰克解释，你的工作就是确保满足合同要求，这就是说即使想法再好，也不能超出合同范围。尽量避免与杰克在"我们能做什么"的讨论中发生冲突。也许，后续还会出现与其相关的变更，恰好能毫不费力地解决这次的要求。或者，杰克授予新的工作范围——研究所有的 CSI 及其对可靠性的影响。研究结果能够量化新的特性，并且发布变更通知。再强调一遍，避免冲突的办法就是你和杰克要基于自己的学识和经验，同心协力解决这一问题。

当然，你也可以耗费精力完成超出合同范畴的工作，因为除了赚取利润的同时，让客户满意也是你的职责所在。过于纠结合同的细节可能会影响你与客户之间的关系。如果双方关系疏远，那么在你需要帮助时，客户可能不会伸出援手；或者这笔合同完成后，你会失去后续合作的机会。所以需要小心行事。你和客户都要意识到双方利益息息相关，一荣俱荣，一损俱损。在不调整预算或进度的情况下，擅自扩大服务范围，最终可能会导致进度延迟或成本超支。这些都是双方尽可能要避免的。

客户支付了多少，客户想要什么，你的团队想要什么，你想要什么，你可以负担什么以及合同如何规定，要权衡各种关系需要很多的管理技巧。最关键的一点就是，开放式沟通以及尊重他人的想法。通过沟通可以控制工作范围，客户和团队将皆大欢喜。

7.15 "合同范围蔓延"——小结

那些计划外的以及没有资金支持的工作会严重影响进度，使项目一直处于追赶进度，或可能无法赶上进度的状态。你需要时刻警惕并关注，避免项目进度滞后或预算超支。切莫触碰模糊地带的工作，指望着事后能收到付款。大部分的采购工作都不允许进行事前没有达成一致的工作，因为事后很难拿到付款。确保团队掌握以下原则——产品具有"更好"的性能并不代表项目会得到"更好"的结果。再一次申明，关键点是要频繁、透明和直接与你的团队和客户沟通，即使是那些他们不愿意思考的问题。图 7.5 表示当进度和预算受到影响时，仍能快乐地解决问题的方法，即让客户和团队感到高兴，稍后可以慢慢弥补预算和进度带来的损失。

图 7.5　范围蔓延

7.16　监督 VS 管控

在大型项目中，你可以使用挣值方法去监测成本和进度。事实上，在许多国防项目中，都强制使用这一方法。挣值是非常有价值的工具，但是如前所示，仍存在其局限性：

(1) 它的优良取决于计划的质量，包括对成本以及任务周期的估算。

(2) 它是一种事后监测方法，可以表示工作进展已落后（进度绩效指数 < 1.00）或者完成工作实际耗费的成本高于计划的成本（费用绩效指数 < 1.00）。

(3) 它具有客观性。虽然你看到数值，感觉在管理它，但事实上你并没有发挥任何领导作用。

(4) 它是一个累计值。在调研数值不理想的原因时，问题本身仍在不断扩大。同时如果项目其他领域都进展良好，你就可能察觉不到在某一个方面存在不佳表现（扩大的问题）。

如果你还认为你是在通过分析挣值数值来管理项目的话，不妨看看以下类比。挣值数值就像是车上的速度表指针，它能显示当前的速度，但并不能实施控制。油门、刹车和方向盘负责控制项目的方向和速度。试想一下，你正通过使用挣值指示器进行管理，这就等同于两个手抓住了速度表指针，拨上拨下来控制汽车，期待有所反映。速度表是不是很有价值的仪器？没错，确实很有价值。但是不要将速度表误认为控制器。你需要主动采取措施去改变项目的速度和方向。如果速度表显示你在限速 60 公里/时的区域内行驶到 120 公里/时，那么要避免超速罚单或车祸则为时已晚。

因此，你应该查看每月的挣值数值（你可能不经常查看速度表），盼望着一切顺利。你主动监测项目进展和成本，提防范围蔓延，关注出现技术问题（或对技术追求完美)的工程师。正因为你与团队之间相互协作,他们会对你敞开心扉,并尽可能避免问题发生,而不是事后补救。这样,每月查看挣值数值时,你会发现项目正按照预期的方向发展。

在团队会议(你会召开团队会议,是吗?)中与团队分享这些数据是个好主意。他们越是了解预算和进度被关注的程度,就越是清楚成本和进度同样也是设计工作的一部分。

所以糟糕的沟通会导致很多问题。问题的实质是在交流过程中人们没有获得有价值的信息。要确保团队自始至终都非常关注技术性能和进度/成本情况。

7.17 项目过程中的成本控制

在大型公司中,项目所需要的员工并不都是专门服务于一个项目。就拿职能经理为例,你的项目工程师经理下属有约 20 名工程师,但是只有 4 名全职为你的项目工作,为应付一些临时性的需求,有 2 名工程师只投入 50%的时间。一天结束后,职能经理(如果他直接负责)需要计算其工作时间,支付相应成本。但是要准确记住花费了多少时间去检查玛丽的进度,多少时间与你交谈,多少时间做培训计划等是很困难的事情。因此,职能经理很少估算在你的项目上究竟耗费多少时间。举个例子,一周计算工时应该按照实际参与工作的人员占全部工作人员的比例乘以每周工作总工时,即(4+2×0.5)/20×40=10 小时(4 名全职工程师,2 名只投入 50%时间的兼职工程师,占整个团队劳动力(20 人)的 1/4,如果一周按工作 40 小时(8 小时×5 天)计算,实际工作只有 10 小时)。实际上的工作应该小于 10 小时,因为他们的工作还包括了个人规划、训练计划、预估和汇报等任务。如果这 4 名工程师为高级人才,基本不需要监督,则劳动力所占比例还应更少。

从现在开始,监督的工作将向管理转变。假设你看到的是 15 小时,并且准备打电话或去办公室讨论此事。当你在电话中告知职能经理到访的目的,并询问上周实际支出为何高于预期时,要预想到可能会面临对方的抵触。事实上,也许事出有因,但是如果这 15 小时是以一种简单粗略或错误的估算方法得到的结果,你将面临一些棘手问题要解决了。你并不想让这次讨论伤害了你与经理之间的关系。你只想让经理投入更多的精力,合理评估出项目支出。你可以告诉职能经理,“我理解,计算出的时间偶尔超出预期,因此我并不担心上周的状况。但是如果今后继续超支,问题可能就大了。在工程师的预算中,你多花费一个小时,就意味着你同伴的工作时间将减少一个小时。事实上,你所耗费的时间比例增加,意味着你消耗的 1 小时其实等同于耗费了 1.2 小时。”

如果你处理得当,电气工程师经理今后在处理与你相关的工作中将更加谨慎。这种情况下,你利用类似速度计的指示器或仪器,掌握花费速度,然后采取一些管理措施,控制花费。正是由于你能保持高度警惕,才能尽早发现问题,从而避免了成本浪费。

在大型组织机构或大型项目中，仅此一次就有可能耗尽你全部的预算。也许会有需要从项目中支出大笔开支——管理政府公共资产、为工程师复印资料、处理客户的信件或检查来料等。可能很多人每天都会遇到同样的问题，多花费0.1小时成本的问题。如果你的项目是正在运行的项目之一，你可能会得到不符合比例的支出，除非你采取解决措施。根据你的计算系统，你和你的财务分析师可以看出是谁在上周承担了你耗费的那部分成本。每周花费一些时间检查清单是否存在异常是十分有必要的。你也许不认识清单上的所有员工。这正是一个认识他们的机会，例如：

你(通过电话)：嗨，格特鲁德，我是XYZ项目的经理查理。我知道你上周四在XYZ项目上用了3.5小时。很抱歉我之前不认识你，但是我很关心你具体的工作内容。

格特鲁德：你好，查理。上周四我打包了一箱零件退回卖家，因为它们都不符合规格，总共有76个。你是不是觉得3.5小时太多了？但是每一个零件都需要特殊模壳，并且独立包装。

你：不是这样的，我认为你处理得很恰当。我只是想学习你所做的工作，确认统计时间准确无误。很感谢你的工作。有时间来我办公室，我可以告诉你更多关于项目的事情，以及我们的设备能为客户提供什么。

通过一个电话，你了解到大部分的零部件已被退回给卖家，格特鲁德负责这件事。你可能还想知道为什么大部分零部件需要被退回。你打电话的目的是调查统计的工作时间，格特鲁德是谁以及它负责什么工作，这些目的都达到了。格特鲁德知道了你对工作时间统计比较关心，而且你对她很尊重。可以肯定，她将为项目投入更多精力，减少不必要的耗费。

这个电话也有可能有不同的效果：

你(通过电话)：嗨，丹，我是XYZ项目经理查理。我知道你上周四在XYZ项目上用了3.5小时。很抱歉我之前不认识你，但是我很关心你具体的工作内容。

丹：你好，查理，上周四我打包了一些支架退回卖家，因为存在电镀问题。你知道这个问题吗？

你：我不知道。我们已经收到过支架吗？太让人吃惊了。目前我们还处于初步设计阶段，麻烦你能再核实此事吗？

丹：是应该核实一下，这些支架适用于YZX项目，不用在你的项目上。这两个项目差不多，我可能将工作量记错项目了，很抱歉。我马上登录系统，进行更正。再一次抱歉。

你：没关系。很高兴与你交谈。我相信有一天你会帮我处理支架的事的。现在不用太紧张。

如果你足够警觉，你会发现任何有关项目工作量统计的小问题。一定要保持警惕！

有一些不合理或不公正的工作统计，即便是很小的一部分，都有可能聚集到最后造成严重后果。有些人看起来像是寄生虫，但也许是你没发现项目根本离不开他们；而也有一些根本就是寄生虫。那么你的任务就是识别他们到底是哪种类型。

事实上，当你猛地看上去，发现项目中的各类成员，有的在这里耗费半小时，有的在那里又耗费十几分钟，但大部分工作都是有效的，而且你确实需要他们为项目工作。但是，也有一些人工作上漫不经心，工作量统计是错误的，甚至这种错误已持续了很长时间。因此，最关键的就是要始终保持警惕性。参考图 7.6，以作警示。

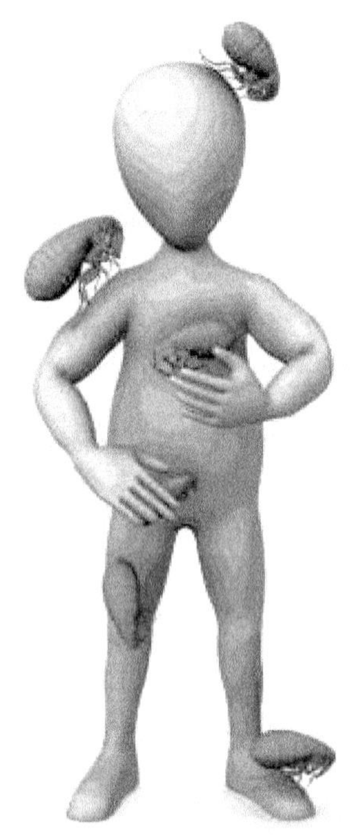

图 7.6　耗尽项目的生命力(不要让这些在你身上发生)

要记住，在保持谦逊的同时，你也有可能成为在项目中冒犯别人的人。你将所有的时间投入到项目中，但有时候(经常)得不到任何成果。组织、监控、保持项目活力本身就是一件不容易的工作，你的时间十分宝贵。尝试各种方法为团队提供帮助，甚至可以以恭敬顺从的方式。对各种工作持接纳的态度对于团队来说都是一个很好的示范。举个例子，你可以为技术攻关或追赶进度而加班的同事准备晚饭。如果晚上有 10 名员工加班，你可以负责去买晚餐，而他们可以继续工作。如果出去吃饭，不仅要浪费一个小时的工作时间，很有可能他们就不想回来继续工作了。你给他们买晚餐，表明你很关心这个项目以及相关的工作人员。你可以用各种方式为团队服务。检查图纸、检查计算、编写技术手册，任何有需要的都去做。如果你能屈尊承担一些不讨人喜欢的工作，那么你就解放了技术人才，让他们更好地服务于项目。

7.18　监督进度——项目例会

尽可能试着让你的团队放轻松，不必承受你和你的上层经理人员所经历的进度压力。

在正式的项目例会中，肯定要汇报你对进度和预算的掌控情况。如果有人对你的领导能力主要集中于在预算内按时完成所有事情提出质疑，那么项目例会将解释所有疑惑。获得合同后的第一次项目例会主要关注工作计划情况。

每个公司项目例会的内容和形式都是不一样的。项目规模不同，项目例会也会存在差异，决定了参会人员的级别，最好是你的直接领导以及上层管理人员参加。根据项目规模，可能达到副总级别。你会希望支持你工作的职能经理也能参加例会。这有一点像做一场秀，需要很多的观众。

例会是解决问题的最佳时机——因为各部门的领导聚集一起，正好可以讨论接口的问题。

但是，这也是一个潜在的政治统治型环境。上层管理人员也可能以多种方式影响项目例会的参会人员。每个人都希望(不同程度地)在上层管理人员面前表现得好一些，即使是不发言，至少也要避免麻烦。有野心的同事可能会热衷于在上层管理人员面前表现自己，问 些有利于自己的问题。

“查理，难道你没有注意到通信电路板的进度已经滞后了？怎么会发生这个问题？我记得上个月你说过所有的进度都是正常的。”

现在没有人可以帮你。你可能回复：

“乔治，如果你没有把贝丝从我这里调走，让她去参加别的项目，进度是不会拖延的。”

“观众”会看到不必要的冲突，并且猜测你和乔治之间有过节。

处理这种情况最好的方法是尽快回避这个话题：“好吧，乔治，我想你说得对。但是我们不需要太担心，因为我们已经解决了人手问题，希望在本周末进度能赶上。”

乔治知道你对项目很了解，清楚他才是引起问题的主要原因。你本可以让他感到很尴尬。事实上，出于信任，你没有这么做。如果参会的人员知道了延迟的真相，他们就会很欣赏你。如果你表现得很强势，你的咄咄逼人会给人留下很深的烙印。工作的目标是使员工们与你协同合作。如果无法从团队中得到的有力的支持,你也会感到很厌烦。但解决这种事情应该是一对一的,既不是在双方老板面前,也不是在大庭广众之下。

项目例会的参会人员涵盖了所有相关人员,看起来问题讨论非常有效率,但这里谈话并不适合太过直白。当然,有些时候你也需要直面同事,例如部门表现不佳的职能经理等,但也不应是在项目例会中。事实上,最好在项目例会之前,与同事礼貌沟通、解决问题。他们知道即将开展项目例会,并且由你完成。由于要满足你的需求,在例会之前,他们会感到前所未有的紧张。

大部分的同事都会发自内心地关注项目,但是要想获得成功,你必须得到所有同事的支持。你不需要那些在例会过程中幸灾乐祸,甚至给你制造麻烦的同事。

项目例会可能会由你的上级领导负责主持,他们希望汇报简洁且坦率。千万不要隐藏问题,但是一定要提出解决问题的方案。很重要的一点是,你的上级领导和团队成员都对你统领项目全局的能力保持信心,相信你能够解决进度延迟、人员短缺、应付难缠的客户以及材料短缺等棘手的问题。要注意自信和傲慢之间的界限,傲慢只会让你树立更多的敌人。多聊聊团队的成功,讲话时多用"我们"而不是"我"。

项目例会的频率也应根据项目进展状况随时进行调整。如果事情进展不顺利,你可以在项目例会中邀请更高级别的管理人员。你也可以两周或每周进行一次例会。在极端情况下,也可以每日一次,强化项目管理。

我希望你永远不会遇到这类情况——但这几乎是不可能的。因为项目中会出现很多错误,有时这些错误又很容易发生,因此需要你更认真的审视每个细节。

在会议中应着重于解决目前的问题,而不是抱怨为什么出现问题。如果给"抱怨"找个理由的话,那就是从错误中吸取教训,避免重复犯错。但是通常情况下,"分析"问题就是对责任人或被认为是责任人的惩治。项目是一个复杂的系统,因此准确或者公正地定位问题责任人的可能性很小。在解决问题的大战中,每一个人都应该关注下一步该做什么,而不是为什么会出现现在的状况。

对于需要进行"额外的"例会来监督的项目,利用这些例会成为你的优势。但仅是在你能够继续承受压力和寻求积极帮助的时候。例如,如果你在寻求最好和最有才华的员工时遇到了麻烦,那么你新结识的更高职位的朋友或许可以帮助你。如果你能让他成为你团队中的一员,而不是评委,可以很快速地让项目情况发生转变。

让你的上级领导直接参与到你的修复计划中将会有很大的帮助。他们会了解挑战的难度,随着情况好转,可以分享成功。要记住,他们的动机与你是一样的,都要是好好工作、做正确的事情,并且赶上进度。无论怎样,你都在竭尽所能地追求成功,因此他们的关注未必会增强你个人的动力。但是,对团队中的部分人来说,可能会因上级的关注而激发他们的动力。理想情况下,你团队成员应该意识到,取得成功不仅有益于整个项目，也利于成员自身的发展。但是，没有事情是完美的，你有时不得不向某些项目成员做出让步。有一些员工事实上只是为了取悦偶尔关注该项目的上层管理人员。这些人则害怕失去升迁的机会、得不到奖金或者项目中止等影响。恐惧是一种有力的动力源，但同时也存在不利的一面，即由它所引发的“焦虑”是有害无益的。

特别是在可能存在被解雇的情况下，上述观点绝对正确。每个人都会千方百计地为成功而努力，因为成为项目中的骨干力量，或者项目成功的话，可能免于被解雇。但是，如果整个团队对此过度担忧，员工之间就会传播各种谣言，对其他公司的招聘信息议论纷纷。处于焦虑和被压迫状态下，人们很难集中精力，齐心协力，就不能把工作做到最好。

很多年以来，只有在工作进展缓慢，担忧项目人员被解雇时，我才会将自己当做一名经理。你可以识别出哪些工程师们不能集中精力工作。尽管项目中的工作人员都很有才华(很重要的是，他们的才华得到认可)，即使项目进展良好，人们还是会感到害怕。我开始意识到，当我走到某个人的工作隔间，让他来我的办公室时，他会很激动、脸色苍白，甚至会跳起来。这样的事情发生几次后，我意识到我被当作了“死神”的角色。我打电话叫他们来办公室并不是要解雇他，而只是想谈论项目。我马上尝试改变沟通方式，以前我总是说“黛儿，你能来一下我的办公室吗?”，如果替换成“黛儿，我想与你讨论一下电磁干扰(EMI)的问题，你能来一下我的办公室吗?”这会变得更加礼貌(也更人性化)。

因此，恐惧是智力工作中的障碍。但是看到员工努力工作，你和你的上级领导会感觉非常好。这是以前人们对于压力理解上的误区——如果员工害怕被解雇，他们将更努力地工作，不必就此担心。这是一种错误的想法。如果你的团队很懒惰，工作不够努力，那么有一点点的担忧是有益处的，但事实上这只是少数情况。绝大部分工程师都很勤奋，他们在上学期间会选修具有挑战的课程。不要试图利用恐惧的方式迫使他们干得更好，这不管用。鼓励并且帮助他们才是有效的。

7.19 领导和关怀

好的领导都会发自真心地关怀他的下属员工。经理们不是必须关怀员工，但记住，高效的项目管理一定是领导和管理相辅相成的。关怀下属的生理和心理健康，让员工感受到你在关心他们，是最有效的领导典范之一。

有些时候，这些事可能会导致一些个人冲突，或引起一些困扰。假设项目面临到期，下周四客户要来开会，你需要三名工程师一起合作解决一些问题。尽管你的团队既聪明又勤奋，但是正像很多技术项目一样，很难预估解决问题需要花费的时间。你和整个团队都很清楚，除非设备能正常运行，否则没有人会感到很轻松。现在的工作进度已经晚于预期。最好在客户来访之前让设备运转，并且完成全面测试。但是你不知道什么时候才能解决问题。

你的团队非常敬业，他们决定利用通宵以及周末的时间加班，以解决问题。你感到很欣慰，给他们买晚餐，以便于员工持续工作。但是这已经是7月的最后一个周末了，而且其中一个工程师还有郊外的家庭聚会。陈旧的管理理念肯定会强调“工作最重要”，采用强制手段，甚至可能是威胁的方式迫使团队继续工作。

但是强迫团队什么时候工作，以及工作多长时间，陈旧理念事实上剥夺了员工在团队的归属感和工作动力。

一个好的领导应该能找到一种两全其美的方法，使团队既能完成工作，又不影响员工的业余生活。你不需要过于算计，因为这是基于对团队奉献精神、工作动力和独创性的信任。这三名工作人员都已经明确后续措施，以及解决问题的备用计划。如果你坚持了正确的项目管理风格，如果你信任团队，员工很可能能够完成计划，并参加家庭聚会，项目的进展也不错。但是只有在员工确信你也同样信任他们的情况下才会这样。如果他们感觉到执行备用计划将会让你生气，他们就不会制定备用计划了。谨记，如果你能充分理解团队，就能收获到团队的尊重。

实际上，在项目压力较大的阶段，一些团队成员会因为疲劳或压力而变得疲惫不堪或效率低下。你的工作就是有策略地调动团队做好工作——而这会涉及一些策略选择。

以下故事是我所见过的关于领导力的最佳范例。一次，我作为“旁听”人员参加了其他项目的评审会。该项目进行得不是很顺利：设计逾期、客户不满、预算超支。项目的惨淡状态引起了一位高级主管的注意。事实上，他是刚上任的副总裁，特意来这里参加评审会，我们谁都不认识。他安静地听着PPT汇报。这可不是好消息。他越是不说话我们就越不知道他会不会暴怒。当项目经理芭芭拉完成汇报后，副总裁开口说道：“芭芭拉，我有些问题想要问你”，芭芭拉肯定以为是“见鬼！你到底是怎么搞的？”这样的问题。但是副总裁是这样说的：“我知道大家为了项目都很努力，牺牲了很多周末加班加点。芭芭拉，大家是不是都很疲惫？”天啊——这是在关心团队。芭芭拉回答“是，每个人都很累，但是大家都希望项目能走出困境并且觉得胜利在望。”副总裁说：“那太好了！你呢？芭芭拉，你还好吧？”这就是那位副总裁，在项目压力很大的情况下，依然展现了关心员工是多么有效的领导力，这两个问题对于项目的最后成功起到很重要的作用，远比责备和惩罚管用得多。

记住，充满活力的员工永远要比疲惫不堪的员工有效率！

7.20 项目变更及其延续性

正如之前我们探讨过的，各类项目与合同都需要加以管理。其中最大的挑战就是长期项目，从研究开始，到概念设计，再到详细设计方案，之后进入预生产制造、质量鉴定试验、生产，直到最后的现场支持。通常，不同的阶段采用不同类型的合同缔约方式(如在概念设计阶段采用工时与材料合同，在生产阶段采用固定价格合同)，但很可能在项目的整个寿命周期内始终由某一位项目经理全程负责。假设你管理有方，恪守职责，客户和你的管理团队都会感觉更舒服。一个项目可能持续数年，甚至十年以上。

尽管你的个人能力主要体现在设计和研发阶段，但其他一些因素，诸如与客户之间关系和谐愉悦，也可能会使得你的任期保持长久。这种延续性会让你感觉很舒服，而且持续进步对你个人和公司(因为这会影响你的效率)来说也很重要。你可能需要离开项目，寻找新的机会，或者你愿意留在团队，随着项目推进，获得更多的满足，迎接新的挑战。

那你的团队呢？他们也面临着同样的选择。在确定需求阶段，首要工作还是以系统工程为主。进入概念设计阶段后，由各类工程师组成的团队(如高级电气工程师、机械工程师和软件工程师)负责完成概念和系统架构的研发。在详细设计阶段，设计工程师(包括初级工程师)在高级技术人员的带领下，基于上一阶段的成果开展具体的设计。详细设计后，你需要跟进早期制造和生产的工程师，根据车间的生产情况改进图纸。预生产组件制造出来后，测试工程师要在特定环境下对产品进行测试。要有专人负责编写鉴定报告、设计报告和技术手册。要有工程师设计专门的测试工装，在生产过程中，负责解决零件和安装问题，调试软件故障。团队中还要有几个人负责安装和客户培训。最后，要有人负责实地操作、解决技术问题、安装设备。在整个寿命周期内，工程师不大可能具备所有技能或愿意一直同一个项目工作。

尽量保持团队成员的稳定性对项目有益无害，在项目中工作一段时间的员工已经了解并清楚项目的工作要求，与团队成员的关系也比较熟稔，甚至已经与客户建立融洽关系。显然，如果起用新人并使他尽快跟上进度，则需要花费更多成本。延续性不仅体现的成员的稳定性上，还体现在成员能力的提升。尽管不应该要求系统工程师去做电路设计的工作，但至少在项目初期的几个阶段进行的客户期望调查、需求解读、团队培训等方面要全程参与，并发挥重要作用。一些设计工程师也可以制定计划和/或实施鉴定试验。简言之，你的团队中的“专业人员”可能会跨专业，并在项目的多个阶段发挥作用。

你可能会倚重其中一些工程师。基于你自己的技术实力，你可能需要一些人员担任技术领导和/或负责接洽技术型客户。

你虽然希望留住某些工程师，但你不能阻止他们离职或跳槽。即便你和职能经理关系非常融洽，即便你有足够的权限让那些工程师留下来，也不能单方面这样做。如果项目中的一些关键人物认为留在你的项目中不利于其事业的发展，你必须接受这个事实,甚至帮助他们找到更好的出路。没有人能在被禁锢状态下干好工作。因此,只要有人想要离开,你就应该允许甚至尽快帮他或她离开。如果你帮助某个人得到了一份更好的工作,也许他会愿意参加你的下一个项目。你对技术人员的"控制"不能通过直接而强硬的"管理"方式,而是要依靠你的吸引力(领导力)。优秀的领导者自然会吸引优秀的人才,而优秀的团队必然表现卓越。

与跳槽到其他项目中的人保持联系,并与他们建立友好的合作关系。了解他们和他们的专业,借以拓展自身能力,当你遇到问题时也知道该向谁求助。"关系网"有时带有贬义,但当你和他人相互尊重、建立并保持联系,这对你和你的前队友来说有益无害。

记住,当技术人员跳槽去别的项目或工程时要向其表示祝贺。你可以在团队会议上公开表示对他的感谢,可以买蛋糕或披萨庆祝,也可以给他私下发邮件。如果你能总结出该同事所作的突出贡献或讲述具体的先进事迹,那就最好不过了。

加强对人才引进的重视。你要向团队介绍新加入的成员,使其感受到大家的欢迎。试想一下当你加入一个新的群体时你会有何感受。某位同辈或领导可能会察觉你的窘境,帮助你适应新的角色并融入集体。作为团队的领导者,你要确保团队成员可以协同工作,这会让团队效率更高,同时也能显示出你很关心团队。这才是最好的领导。

最令我惊讶的一件事情是,项目团队很容易接受人员变动的情况。一般来讲,每次变动都意味着一个,甚至几个得力干将加入或离开你的团队。更为神奇的是,这种弹性机制居然能够使得项目不受任何影响。前提是上文谈到的自我选择:人们喜欢在能发挥自己聪明才智的地方工作。写作能力略逊的工程师会自然远离报告或年报的编制。当项目中的文字工作较多时,自由选择的方式就会帮助合适的人选择合适的岗位。传统的思维认为团队成员需要听从指令,类似写报告这种略显无趣的工作应该平均分配。如果你有能力建立一个良好的团队环境,团队成员会很自然地分担此类任务。更重要的是,适度的自由会让员工更好地在任务中发挥聪明才智。如果他们是很好的数码设计师,那就只负责做好数码设计工作。而如果某人既是试验工程师又擅长写作,那他可以在完成试验任务之后承担部分报告编写的工作。

作为领导者,关键是你能够倾听下属的心声并真心为他们考虑。无论你相信与否,为他们考虑就是为自己考虑。如果你失去一个重要的职员,那么就会想办法去弥补这个空缺。队伍越强大,这个问题就越好解决。但要记住,解决团队的问题是你的工作。大家来参加你的项目,你需要保持项目的进度和效率。你可能会通过高压手段迫使下属延迟离开,要求他/她承担其能力范围之外的事情,这样虽然显得更容易一些,但却只能短期受益。有能力的人不会轻易控制别人,而且今后你依然会面临职位空缺的问题。这种事情宜协作处理而不要发生恶意冲突。

7.21　处理外部变化

对于项目过程中出现的内部变化，我们已经进行了探讨。更具挑战的是处理外部变化。这些变化不是由你决定的，但又必须由你解决。下面举一些外部变化的例子：

(1) 客户资金突然变化——你需要立刻调整队伍，而且可能是在非计划的节点上。

(2) 团队中的关键人物离职。

(3) 新的总经理或副总经理上任，希望事情按照他/她自己的方式处理。

(4) 你所在的部门工作地点迁到城市另一端的其他公司的办公大楼。

(5) 客户改变主意，你需要在不影响项目的情况下研究、制定并实施新的计划。

显然，这些变化都无法提前预知。如何在变化中领导好自己的团队是对领导力甚至性格的巨大考验。

我曾经见证过一个好的领导在公司部门遭遇危机时的表现。曾经有一个大项目，突然遭遇资金削减，十几个工程师丢掉工作，还有一大批人处境也不妙。因为我们部门业绩优秀且需要招收新人，我就和一位同事一起去面试应聘者。那个项目的领导非常随和，热切希望我们能找到最优秀的应聘者。他和我们花费了整整一天的时间寻找最符合需求的技术人员。直到最后，这位领导者(其级别很高)说："能否也给我一个职位?"很显然，他把自己放到了最后。他愿意花费时间和我们一起优先解决团队成员的前程，最后才询问自己的出路，确保他不会抢了别人的饭碗。对我来说，这就是领导者的精神——永远把自己的项目、团队和团队成员的利益放在自己的前面。

7.22　庆祝成功与战胜挫折

随着项目不断发展，会出现很多阶段性的成功。比如说按时完成一份报告(或稍早完成——使得最后的审阅讨论得以提前进行)，成功解决一个大麻烦，拜访客户异常顺利，按时完成工作里程碑(如按时高质量地提交草案)。这些小小的胜利不仅是项目本身的进展，也是你进步的标志和项目成功的预兆。这时就要庆祝这些成功，继续为团队打气。这很简单，只需将周例会改成聚餐，或订上一份披萨即可。这种"免费的午餐"是你可以提供的最好的激励方式之一。这不仅使你的员工免于出去花钱买午餐，也为培养团队感情提供了很自然的契机。不必玩一些不自然的"游戏"或其他团队建设活动——和团队成员一起吃饭就已足够。这可能要追溯到我们祖先的行为方式,他们在狩猎成功后通常会一起享用食物。

较大的成功可以进行更隆重的庆祝。这时你可能会受限于公司规定或公司文化。但请记住,作为项目经理,你同时也是项目的政工干部,你作为领导者的职责之一就是让团队成员认识到自身的成就。

我有一个项目,刚刚完成艰巨而紧张的生产前测试项目。我们加班加点保持进度,并将外部设备成本降到最低。团队成员一次要出差很长时间,牺牲了和家人在一起的宝贵时间。好的团队协作和伙伴关系面临考验,技术人员也有很多家庭事务,比如谁家的孩子要过生日或者要参加某些重要的社团活动。此外,在预生产测试中,看着自己的设计在极端温度和湿度条件下进行测试,压力会非常大。整个过程当然不是一帆风顺的——测试设备失准,震动台未按时交付导致测试推迟,测试工具故障需要维修。而且,这段超大压力的时期持续了两个月。我们拜访了很多客户,感到压力倍增。但最终我们还是完成了。啊!所有的测试最终通过,我们可以回家了。

这项成就可不是一顿披萨就能解决的。我们得到了一笔款项(特别是因为高层管理者在测试期间与我们一起分担压力),和大家一起到外面大吃了一顿(讽刺的是,我们出差期间一直是在"外面"吃饭)。当然,项目经理需要做一个简短的致辞,之后将话筒留给有话要说的人。庆功宴上还可以增加"颁奖仪式"的小环节。我们做了一些小的塑料奖杯,上面贴上铭牌,授予那些对工作作出特殊贡献的人。我们让获奖者站到台子上,授予他们奖杯,并宣读颁奖辞。其中有一位工程师是一位"关键先生",总被称为"我们的专家";另一位则牵头实施了 EMI 测试,包括用电缆建造了一个巨大的线圈并将设备安装在线圈中央。从远处看,或者从测试记录的照片中看,线圈就像是一个浴缸。所以他的奖杯铭牌刻着"浴缸掌门"。这些小奖杯不仅会为晚宴增添了很多笑声,也是团队友情的实物象征。如果多年后你还能在职员的工位上看到这些小奖杯,那说明你这一招是成功的。它们具有纪念意义,能够反映出你为晚宴花费了心思。更重要的是,你能够认识到大家的贡献,并通过有趣的方式对其进行奖励。这不是一件容易的事,但请记住,在你的团队中,需要有一个人擅长出这种点子。作为一个优秀的领导者,你应该了解谁是这样的人,并请他/她发挥聪明才智帮助你。发掘人才并恰当地加以利用是一个优秀领导者的标志。

问:怎样判断一个工程师是否性格外向?

答:当他或她在和你说话时敢打量你的鞋子。

担任项目经理也一样需要学习。你手下的工程师们大多比较传统保守或害羞内向。对你来说,承担"社交"的责任也许很难。但你身在其位,就应该做一位称职的领导,因此你不能逃避这种不自在的事情。

如果在庆功宴上发言对你来说很不自在,那么面对挫折或团队的失望则更难。

以公开、直率的方式处理正面或负面事情对于项目的成功非常重要。假设客户对你团队提交的文件很不满意，负责该任务的主要工程师肯定会感觉糟糕(或生气)，他/她的队员也会感到挫败。你可能不会在团队会议上讨论这件事情，力求将影响控制到最小范围——毕竟，大家都很沮丧。但这样是不对的。通常，如果因为某事不舒服而刻意回避它，那这种回避就是一种懦弱。

正确的做法是:通知子团队或子团队的负责人，你将在下一次团队会议上讨论客户的负面反馈。这对他们来说可能很不舒服，但这次讨论是整个团队汲取经验的机会，而对于子团队来说，也可以确定如何重新起草报告。为何客户对报告不满意？他或她的投诉中有哪些是正确的？哪些是不对的？是否在预期目标上沟通不足？也许我们应该重新确定客户的需求。如果决定将某些事项归零，那还可以讨论下一步的行动。或者可能主动站出来承认沟通失误实际上是你的错。惊喜吧，你也一样不是圣人！你对失误的担当(甚至承担更多)有助于巩固你的领导者形象和位置。适当的谦卑、勇于承认自身错误和劣势的姿态是“为人着想的好领导”的品质之一。但你所犯的错误可能对团队来说就是个重创。恰当的处理是最有效的方式，鼓励团队及时承认自己的失误，并确定解决方案。优秀的领导者是有缺陷但愿意向同辈、领导学习并在自身错误中不断改进的人。

7.23 个人行为评价

正如本章之前讨论过的，有时候团队的表现会不尽如人意——任务没按时完成，设计图纸有重大失误，客户的报告质量不过关。团队失误具有整体性，需要整个团队共同解决。但如果失误是由某一个人造成的，或团队中的某一个人无法胜任他/她的工作，又该怎么办呢？团队中可能有几十个人，而你跟大家接触很少，对你来说很难提早发现问题。这说明你对某些问题缺少第一手资料。这时，你可能需要从别的渠道获取这类信息——某个职员向你汇报另一名员工的表现。

这不是件容易的事。你需要分辨来找你的这个人(比如说玛丽)目的是否单纯，对整个事情是否有缜密思考。可能玛丽对吉姆有成见，想让他小受训诫。或者玛丽对吉姆认识过于消极，以至于影响了她的判断。

无论团队成员带给你什么样的“消息”，都应该乐于接受。即便一开始这看上去像某个人对同事不满，但请先不要妄断。因为有可能正如玛丽所言，吉姆的表现确实存在问题。最好的做法是感谢玛丽能够告诉你这些信息，明确整个团队应该按高标准工作，表示你关心每个员工的表现。避免直接同意或否决，也不宜漠不关心或关心过度。最好是让此类谈话尽量简短，以免对吉姆造成负面影响。记住，你的任务是鼓励员工积极工作并与同事相处融洽。你掌握所有能获得的信息后就可以更好地处理问题。有时会出现噪声掩盖了信号的情况，但事实上信号是存在的。

你最好能接收所有信息并从中筛选有效信息。如果想知道某位员工对特定问题的看法，调研的方式可能会取得更好的效果。

举例来说，如果玛丽从不主动找你，这当然是最简单的了。她找到你，你也可以把问题推给职能经理："嗨，为什么找我说这些？你知道吉姆是归马克管的。"当然，你可能不会这样做，因为如果你这样说，玛丽可能会认为：

你没有足够的勇气处理这件事情。

你对问题或项目根本不够关心，也不愿意有所行动。

你认为玛丽或她提供的信息不具价值。

是的，如果你选择忽略报告或者让玛丽去找吉姆的职能经理当然会更容易一些——但这是你的责任——身居要职就要做好处理棘手问题的准备。你需要尽可能多的信息，不管它是猜疑、正面或消极的。只有掌握了足够多的信息，才能做出决策，继而有所行动。但如果你不掌握情况，就根本无从下手。可能这与抱怨有关——员工可能会向你抱怨保健费太少，但你可以为他们提供一个疏解的出口，避免情绪郁结。带着情绪工作的员工肯定不如心情愉快时工作效果好。

根据掌握信息的类型，你可能需要人力资源或安保部门的介入。如果情况涉及性骚扰或不当行为，应立即向人力资源部门报告，明确你尚未调查此事，并且此信息是从第三方获得。

工作表现的事情最好还是由你处理。理论上，作为项目负责人，应负责摆平这些所谓的恶人。（永远要记得是"所谓的恶人"）。是否要将该问题推给职能经理需要取决于一个主要的因素，那就是谁能够更好地调查此类事件，并采取必要的措施。你和职能经理都是领导团队的成员，可以一起商量谁应该负责处理此事以及处理的方式。这就像你希望工程师可以分解任务并分工完成一样。你或者职能经理可能会和吉姆相处的时间更长或关系更好。举例来说，你和吉姆已经共事 5 年，那么你就比较适合去处理这件事情。或者职能经理更擅长解决此类问题，那么就由他/她去处理此事。如果有需要，你应该在此过程中提供帮助。

假设讨论的结果是由你去处理此事。向团队中其他成员打听肯定不合适，这会让事情变得尴尬，同时也会伤害吉姆的自尊心。比较好的处理方法是直接找吉姆谈话，了解他的工作表现。这也要区分正确和错误的方式。最坏的方式是直接说："玛丽告诉我你搞砸了前置放大器电路板的设计，这是真的吗？"如果吉姆和玛丽之间不和，这种方式无疑会激化他们之间的矛盾。如果两人本来相安无事，那你这样说就会制造矛盾。

另一种冒险的方式是暗中观察吉姆在工作时的表现。如果你经过吉姆的工位发现他正在打手机，那你可能会轻率的认定他在工作中花费大量时间打私人电话。通过这种方式公正地判断员工的表现很难或者很不可行。一定要避免管中窥豹的做法。

图 7.7　不适合在办公室使用的沟通方式

这是一个关于别人如何看待问题的故事。那时我还是个年轻工程师，我所在的项目当时处在关键阶段。我每天都加班，压力巨大。有一天，我向另一位工程师请教一个技术问题，他把答案写在纸上，之后叠成飞机扔给了我。我跟他说，"飞机可不是这么叠的！"于是我也叠了一架(比他那个要好很多)并扔回给他。飞机飞得很好，但一拐弯直接飞进了上司的办公室。(图 7.7 示出了不适合在办公室使用的沟通方式。)当我走进去拿回飞机时，我上司可能知道我工作很辛苦，所以他也没说什么。但是，一周后他把我叫进办公室，告诉我在办公室叠飞机并扔着玩很不应该。我向他解释当时的状况，他则告诉我为什么找我谈话：一位和他同级的主管告诉他，说看见一位员工在办公室扔飞机玩，显然是没什么工作可做。虽然我承认自己的行为让上司很尴尬，但我依然不能接受别人的一眼观察就认定我没有努力工作。多少天的加班被忽略了，只玩了 30 秒的飞机却被刻意放大。我们可能会质疑那位告状的主管的动机，但我从这件事上得到了教训，那就是如果你要评价别人，你最好观察得仔细一点。这种事情就像处理信号：你需要多少样本才能衡量出别人的表现。我个人认为，多么频繁的观察都是不可行的。衡量员工表现应该寻找其他方法。

7.24　问题的诊断和解决

在本节的开始，我们要首先了解工具手段和控制之间的不同。你可以用工具监测问题，但不能通过它解决问题。监控你的费用绩效指数可以让你留心相关问题——但你必须要确定出现问题的原因是什么,之后再采取措施解决问题,这才是“控制”。最好的办法是在你和团队之间建立良好的人际关系。

作为项目经理,你要面临各种不同的问题。多数喜欢做项目管理的人都是喜欢解决问题的人。作为工程师,你只需要解决较为单一的专业问题,但项目经理则会面临不同类型的问题。有些是关于技术的,与产品规范和客户需求有关。有些则是管理问题——如何才能加快步骤完成进度,或是否可以有其他替代方案?发现合同中交付时间出错了怎么办?返修的印制电路板数量是否超出正常水平或是还在可接受的范围内?

实际上,复杂问题也有自身的优势。它们的复杂意味着你可以从很多维度着手解决。如果你有很好的对内和对外关系,你就会有更多的选择。记住,你不必只身应对这些问题。你的团队和组织中有很多优秀的人才,向他们描述你遇到的问题,鼓励他们开动脑筋帮助你。他们和你一样,乐于解决问题,帮助他人。要做到不耻下问。忽略人们的等级或职位,上层管理人员和测试专家同样想对项目有所贡献。但是问对人也很重要。小提示:向可以提供帮助的人求助,避免找错人做无用功。(另外一个例子是正确的人怎样获取信息和帮助别人:你团队中的同事和你想的一样。当他们认为你可能帮得上忙的时候,他们会向你寻求帮助,反之,如果认为你帮不上忙,他们就不会向你开口。)

所有这些情况都有一个共同点,那就是需要你和团队中的人一起了解并解决问题。有时候这些人可能不属于你的团队——例如,包装和船运工程师。所以你不仅仅依靠“权力”来解决问题。主管利用权力,而领导者用的是影响力。你能拥有领导才能非常棒!和那些能帮助你的人建立良好关系对你的成功来说至关重要。而对于你不认识的人,方法就显得很重要。假设有一个新来的包装工程师,而你正好有些货品需要装船。下面列出了两种方式,哪一种会更有效呢?

(1) 打手机:我是XYZ项目的项目经理。有三个船舱的货品需要明天发出。这批货物十分重要。装船后请通知我。

(2) 上门拜访:你好,我是琼·史密斯,你是新来的包装工程师吧?你是刚刚调过来的吗?工作还顺利吗?你还喜欢这里吧?我希望你不要压力太大。我有一批紧要的货物需要船运,不知能不能请你帮忙明天发货?

我想大部分人肯定会选择第二种方式。但为什么还是有人用第一种方式呢?一个解释是项目经理大多太忙,无暇和员工寒暄。算算第二种方法花费的时间,你就会意识到惯用借口有多么的不真实。真正的原因是人们觉得自己位居高职,不值得和手下的小人物浪费时间。或者他们根本不认为包装工程师是一个人,而更像是一个功能。如果你把同事只看做是资源或下属,那你就不是一个好的领导者。当然,作为管理阶层,你可以“仗势欺人”。你可能会暂时获得了表面上的顺从,但你的自大肯定会影响你后面的工作。假如你采用第一种方式,新来的包装工程师听完你的电话后，会安排需要船运的名单，而你的货物很有可能会排在最后。在第二天的下午 5 点钟（也就是三船货物必须运出的那天），你打电话问她“为什么不通知我何时发货???”，得到的回复可能是有其他优先安排的货物排在了前面，而你的货物“很快”就会安排运出。工作中采用“胁迫”的方式不会永远有用，有用的是关心、理解和仁慈。

7.25　项目结束庆祝成功

亲眼看到项目成功的感觉很好！——所有的货品都按时运出，所有的报告都获得批准，客户可能会来感谢团队。但请注意：项目不会以某个单一的、可视的事件结束。即使货品都装船运出，它们还需要安装在最后的平台上，并和船/飞机/车/设备上的其他的系统集成。这些工作可能需要你的团队成员来完成，可能体现在其他合同中，但大家依然认为这些属于你的项目。因此，在最后一艘货船完成之前就开始庆祝项目成功，显然是不合时宜的。可能你还在撰写技术手册，或者整理各种报告。如果你认为应该省略最后的庆祝，也并不是一个好主意。此外，如果真的到了项目结束的时候，应该去感谢为项目成功做出贡献的人们，但针对项目的激励已经结束了。因此在项目取得里程碑式的成就后庆祝是必要的，借此机会可以感谢团队成员，激励他们，扩展庆祝的意义。对大家来说最好的激励方式是表扬他们的工作，尤其是在庆功会这样的场合。

7.26　小结

本章介绍了管理复杂项目的一些基本概念和方法。文中以特定的设计和研发项目为例，它包含各种问题和风险，需要项目经理具备各种能力。重要且详细的概念，如第 8 章的“避免索赔和索赔管理”以及第 9 章的“领导模式”，在不同的章节进行介绍，以避免打断本章的讨论思路。

本章对一些基本概念进行了介绍，不同领导风格对员工态度和激情有不同的影响。介绍了怎样监控流程的方法，如何被规格和挣值概念帮助或误导。我们还对监测（了解存在问题）和控制（采取措施解决问题）的区别进行了讨论。介绍了一些收集重要信息的方法，通过这种方式可以更快更准确地判断问题所在。项目质量和持续关注项目是最重要的。作为项目负责人，你的职责以及对质量的态度和关注是项目成功的核心所在，也是你所在公司业务持续的关键。我们也要区分质量和预期质量之间的区别。你的产品可能已经合格，但更重要的是满足客户的质量要求。说到客户，本章也讨论了客户会如何影响你的项目和团队，以及如何利用客户和他/她的到访来激励员工。文中还介绍了一些常见的工作误区，挑选合适的时机进行庆祝，并按照这种方式实现提升。

高级主管（你的主管和工程师们的主管可能不是同一个人）也是你管理/领导系统的一部分，他们在项目成功上当然也具有一定的影响力。你有义务向他们汇报出现的问题、寻求适当的帮助或根据需要讨论取舍。（正如你的下属在遇到困难的时候也会向你寻求帮助，你必须足够谦卑，同时也要有这样的自信。）作为项目经理，你要不停地权衡和折中，能够通过积极的方式开展工作，直至通往成功。常见的“合同范围蔓延”往往披着“改善”或“提高质量”的外衣。我们讨论过其内外源头，并讨论过其隐藏特性。图 7.5 中那只快乐的小蜗牛就是解决问题的典型思路。

在大型公司和大型工程中，你的项目可能需要“直接拨款”。这种情况往往被人忽视并且具有不定期性。这些人有时被视为消极的股东——有时他们也确实是。但要对能够为你项目注资的人保持警惕，这对你避免项目失败十分重要——零碎的开销加起来会很快耗尽你的预算。打几个具有建设性的电话，可以帮助你的股东确定他们的注资是正确的，而非出于习惯。

我们此前探讨过项目评审。项目评审是申请帮助的好机会，但也容易造成误会。你在评审会上的言辞会让某些人成为你的朋友或敌人，因为所有陈述都要呈现在高级主管的面前，这就会增加同事的紧张感，谁都担心自己因为高层对自己印象不好而影响前程。在项目评审中有可能会犯“滥用权力”的错误，但也要了解有时这是不可避免的。

关怀团队员工是一种高超的领导力（也是智慧）。虽然这种方式是 100％利他的，但是这种关心对项目本身也有好处。你对团队成员关心，团队成员也会反过来关心你（和你的项目）。感激是很有效的激励。“以身作则”有很明显的带动作用——如果你对团队成员足够关心，你就会得到强有力的支撑。团队会变得更有内聚力，对项目成功也会更有帮助。

本章讨论了应对变化的内外部方式。思考了变化会如何影响团队建设，而作为项目主管又如何采用积极的方式应对变化，至少尽量不向更坏的方向发展。回顾了项目的自然起伏和员工的耐受性。庆祝成功和面对挫败都属于积极的领导力。当然，相比较而言，庆祝成功要有意思得多。讨论严肃事项时的压力有助于重新聚焦团队的精力并理解项目的低谷状态。

本章还讨论了员工的表现问题和投诉事件，介绍了处理此类问题的几种思路。（做缩头乌龟肯定是不行的。）

同事间的关系和接近新人的方法都属于项目运行的润滑剂。如果对待自己的员工方式有误，他们就可能不愿意帮助你，即便是工作范围内的事情。他们很容易就把你交代的事情放在一边，先完成那些优先级别更高的工作。他们有可能会告诉你另外一位项目经理对待他们的方式比你要更有礼貌、更懂得尊重，所以他们就优先处理他的事情。

最后，本章探讨了项目结束时的庆祝方式。对员工表示感谢不仅是正确的，而且更能激发员工的工作动力。(你的出发点应该是感谢，而激发员工动力只是感谢的结果。)把所有的“感谢”放在最后一起表达不是一种最优策略。在项目中间的关键里程碑上向员工表达感谢更有意义，效果也更好。

成功地管理一个大型项目十分有成就感。你和你的团队会战胜很多困难，你会研制出精良的产品，这都值得你享受项目管理的过程。你在这个过程中会受益良多，而你的团队员工也将走向职业生涯中的下一个机遇，继续发展。

7.27 本章习题

7.27.1 讨论

1. 你有没有关于“坚持计划”和“适应计划”的故事？尝试用案例来说明哪种方法有用，哪种方法没用？

2. 约翰来找你，并对你说玛丽剽窃了他的构思。你会怎么做？

3. 讨论有关计划的相关事宜，包括如何使项目计划更人性化？以及如何确定进度的责任人？

4. 在团队内部建立一套质量文化的方法有哪些？质量文化的基础有哪些？如何激励员工努力工作，形成良好的风气？

5. 你的客户对项目团队的专业表现存在误解，你如何向其解释？如果不是误解，你又会怎样解决？

6. 如果客户提供的信息延迟或是错误的，作为项目经理，你该如何处理？请大家分享处理此类常见问题的经历。

7. 描述如何为“卡壳”的工程师松绑。在劝告他们的过程中有什么注意事项？

8. 能不能把对客户的惧怕作为鼓励进步的因素？

9. 你的项目开始出现滞后，你决定将其上报高级主管，确定上报的时间和方式时应该考虑哪些因素？怎样处理团队和这种“泄密”事件的关系。

10. 用定量定性的方式讨论检测问题。思考大家见到的成功或失败的案例，其中可能很有借鉴意义。

11. 描述工作训导的正确方式和错误方式。(你有没有被“训导”过？你觉得有效果吗？)

12. 你是否能举一些来自于项目内部的“合同范围蔓延”的例子？或是来自于客户的“合同范围蔓延”的例子？

13. 你能不能举例说明上级领导对你表示关怀？你对这样的领导(或他们代表的公司或项目)有何看法？举例来说，他们可能会支持你请假照顾生病的家人或出席你某位亲戚或朋友的葬礼。有没有一些相反的、缺乏关怀的例子？这些又是怎样影响你的态度和/或决定的？

14. “保护”团队免受客户或上级批评是否属于你的职责？如果批评起因于个别职工的能力或表现，你又该怎么处理？公开分享信息的边界和原则是什么？

15. 项目即将收尾。做最后致辞的人应该要表达哪些想法？

7.27.2 书面作业

1. 你是否有成功或失败的管理经历？（这个问题只是个形式，每个人都会有这种经历！）讲一个好领导的故事。

2. 乐观对于领导者来说是否重要？为什么？

3. 出现一道难题：你的一位工程师发现了更好的方法，想要修改放大器设计，却缺少资金支持。你能够或应该怎么做？

4. 在单独一页纸上，不要用书中的语言，描述挣值管理的主要概念。在另外一页上，描述挣值管理的优点和缺陷。

5. 没有人要求你每个月都要完成一份项目的月度报告，但为什么你还是想要写一份呢？

6. 正式的项目检查有哪些积极和消极的影响？

7. 设备操作验证对进度有两面性的影响。举例说明针对客户进行的研发演示都有哪些好的和坏的影响。

8. 客户对某项具体要求的理解和你与团队对它的理解出现差异。她对该要求有完全不同的定义。如果你的理解也是合理的，你该怎么处理这件事？

9. 你是否使用挣值管理控制成本？你说“可以”，而我说“不行”。为什么？（小提示：“控制”。）

10. 你有每周审查支出的好习惯。当你在名单中见到陌生的名字或公司，你会怎么做？

11. 在项目例会中，一位职能经理向你提问，像是有意揭露你在技术方面缺少专业知识。这种情况下你会怎么办？举例说明你不会采取的措施。

12. 讨论帮助团队在各个阶段平稳过渡的方法——如从设计阶段过渡到验证试验阶段——你有哪些原则可以作为向下一阶段过渡的技巧？

13. 团队刚刚实现了一个重要的目标。但无法厘清该算是谁的功劳或是贡献度。这种情况下你要怎么恰当的表彰优秀员工？

14. 某职能经理向你提出某位员工好像在工作时开小差。你首先要采取怎样的措施？之后又该怎么做？

第8章 索赔确认、管理和避免

任何头脑清楚的项目经理都不希望遭遇索赔。本章就不履行合同、产生意见分歧和纠纷等可能引发索赔的问题进行了介绍，并对如何避免陷入索赔事件进行了阐述。理想的情况下，合同应该条理分明、规范清晰明确，客户按时交付政府提供设备，并按照规定的反馈时间完成文件审批，文件审批符合合同规范（无"个人偏好"）要求。如果总能实现以上情况，那就没有需要项目经理来处理的情况了。但现实是，违背以上理想状态的情况都有可能出现，因此你必须提高警惕，尽量避免。多数情况下，项目依照合同进行，合同明确规定了你的责任，同时也对客户的责任进行了说明。任何一方违反合同规定都会滋生问题。如果你不能履行职责，会对项目造成负面影响。合同中可能会规定如下惩罚性条款：如你方逾期交付，则对方将扣除部分合同款；或者如你方出现诸如未履行合同条款、项目进度不达标等情形，则对方将暂停支付进度款。而最糟糕的情况是对方依法终止合同。然而，以上所有可能出现的情形都应该在你的掌控之中，你有责任避免上述这些情况的发生。另一方面，客户也可能影响你按照合同履行职责。如果客户不能按照合约履行责任，你有责任第一时间发现并查明违约事项，然后采取必要措施纠正问题，最主要的是要引起客户的注意，理想地解决问题，或者至少按照自己的步骤减小对项目的影响。如果问题得不到解决，无论有没有得到客户的帮助，都需要提交公平调整请求(RFEA)或申请正式索赔。以下列举了一些可能需要提交公平调整请求或申请索赔的情况：

(1) 合同要求客户向你提供一些硬件或材料（政府提供设备(GFE)或客户提供设备(CFE)），但客户未按时提供。

(2) 客户按时提供了政府提供设备，但设备无法正常运行。

(3) 客户对项目草案有审批权，客户需要在一定期限内反馈批复结果，但客户没有按时反馈。

(4) 客户对项目草案有审批权，但客户出于合同内容外的原因没有及时批复草案，例如，客户对如何实现规范要求没有具体说明。

(5) 客户不按照合同程序办事，直接电话通知你方的工程师要求其改动设计。

(6) 客户提供的技术规范很复杂，后来发现该规范存在问题，如存在不能同时实现的矛盾要求。

(7) 客户提供的信息不完整。

以上情况所列较多,但绝非囊括了所有情况,而且上述情况的背后还可能存在复杂的技术问题。此外,以上问题通常逐步发生,即起初,问题可能不明显,甚至看不到,但随着时间的推移,问题逐渐显现。

通常情况下,当项目进展遇到问题时,项目经理就会开始寻求索赔。无疑,对于你项目的资金损失,客户方必然也负有一定责任。虽然你的项目出现财务问题可能促使你开始寻找一些双方共同责任,但你应该避免这种情况发生。保证项目平稳运行是你的职责,这其中一项任务就是:在客户的过失初现端倪时及早发现,并立即采取相应的措施。但这并不意味着,如果你没有及时注意并采取应对措施,就不能提交公平调整请求或申请索赔。即使你认为自己本应该及早发现问题并采取措施,但你仍应依照合同履行权责。当然,你的警惕度越高,就越有可能尽早发现问题,避免烦琐的索赔事件。

以下是一些此类方向性和行动性的案例以及采取的相应措施。

8.1 政府提供设备推迟

政府提供设备推迟是最容易发现的问题之一。假设合同规定客户 3 月 1 日向你提供子系统,你在 5 月 1 日交付组装该子系统后的产品。你将客户提供的设备与自己的设备组装,进行正式试验,验证双方的设备是否能够共同运行。但是,3 月 1 日这天,客户打电话说不能按时交付子系统,询问是否可以推迟到 3 月 15 日。考虑到自己的时间进度比较宽裕,即使客户推迟交付时间,自己也能在 5 月 1 日交付组装后的产品,所以你告知客户说"当然,没问题!"你当然可以同意推迟,但最好不要这样做,其原因有两个。首先,不能同意口头更改合同。第二,你认为自己有足够的时间,但是,该时间是专门给项目团队安排的,以防项目无法按计划进行。如果你因为客户的推迟而放弃整个项目团队的时间冗余,那就把自己置于不利的境地了。然而,如果客户说由于他们推迟了 2 周时间,所以你也可以把 5 月 1 日的交付日期推迟 2 周,那又怎么样呢?这看起来很公平,所以你就可以同意了,对吗?不对。正像前面提到的,不能同意口头更改合同,而且这样做会增加额外的成本、影响项目进度。你方工程师们应该在 3 月 1 日进行组装,在等候客户设备的同时,他们能 100%高效地工作吗?另一方面,如果工程师们 5 月 1 日有其他的工作,怎么办?所以,至少在事先没有全面考虑所有后果并与所有相关方协商一致之前,你不应该同意更改政府提供设备的交付日期。如果你仍然认为自己可以在不影响项目的前提下满足客户的要求,那么你需要让合同代表商订合同更改事宜,正式明确新的交付日期,并为自己一方的交付日期留出 2 周的富余时间。

当然，你可以"跟客户协调"，尽量避免正式更改合同。这种情况下，你绝对有必要寻求合同救济。记住，尽管你是项目经理，而且你本人及你的判断一般是值得信赖的，但你不是项目的独裁者。例如，如果你和客户达成非正式协议，那么该"私下交易"的所有内容都不能纳入合同。当子系统的交付推迟了，你所有的同事都会发现这件事，这在同事眼里看来好像是你不知道交付推迟这件事或根本不在乎这件事，如果你只解释说已经和客户达成协议了，这样会让自己"陷入麻烦"。

所以，遇到这种情况，你应该怎么处理呢？最好的方法是，随着 3 月 1 日交付日期的临近，跟客户沟通，确保客户可以按期交付子系统。如果你提前知道客户不能按期交付，就有充足的时间考虑应该怎么办，重新调整时间进度，减少甚至消除交付推迟将会带来的不利影响。当然客户也会感谢你的帮助。也有一些唯利是图、道德低下的项目经理，他们明知道交付时间会推迟，故意不提醒客户。帮助客户而不是利用客户，尤其是当客户需要帮助的时候，这才是建立良好关系的最佳方式，而且要"正大光明"地提供帮助。

8.2　政府提供设备缺损

假设客户确实于 3 月 1 日按时交付了子系统。对该子系统进行接收检验，没有发现因运输造成的缺损。为子系统接通电源，一切看起来正常，但当你方工程师将其与你方团队设计的设备组装后，系统却无法正常运行。更糟糕的是，系统大部分时间运行正常，只是偶尔失灵，处理器停转。所以，问题是出在你方团队的设备，还是出在政府提供设备呢？当然，最终工程师们会弄清这个问题，但在工程师调查的同时，时间却在流逝，离 5 月 1 日交付日越来越近了。此外，工程师们花费在该问题上的时间并不在你预估的时间内。这种情况下，最不应该做的就是什么都不做，寄希望于问题会被"迅速"解决。你应该每天甚至每小时都跟工程师进行一次沟通，看问题能否在允许的时间内被解决，然后正式通知客户组装政府提供设备时出现了问题。实际上，根据合同细节，你需要得到处理问题的正式许可，经过客户同意后才能处理问题。如果发现不是你方的问题，则处理问题花费的时间，以及任何连锁反应，例如导致其他进度的推迟，你方都可以获得补偿。一旦发现(甚至怀疑)是客户的问题，你就要立即采取上述措施。图 8.1 示出了政府提供设备缺损的图示例子。

此外，大多数合同不允许你不经客户"授权"就擅自处理政府提供设备的问题，并在之后获得来自客户的补偿。虽然客户希望你查明问题并予以解决，但你自己不能这样想。当客户提供的组件有缺损时，即使客户补偿你是"公平"的，该"公平"做法也应该符合合同规定。客户想派他们的工程师帮助解决问题，这对客户和你

图 8.1 政府提供设备缺损

双方来说都很好。认为错在对方这是人的本能,如果你能说服双方的工程师致力于共同解决问题,那么得到的解决方案可能更具效率,并且产生类似“问题原因”等方面分歧的可能性也会很低。

还是上面的例子,假设客户授权你解决问题,并派遣 2 位工程师和你的团队一起解决问题(不要忘了记录发现和解决问题所用的时间)。三个星期后发现了问题:政府提供设备中的通信软件迟滞造成你团队的设备和政府提供设备匹配迟滞,最终导致你团队的设备处理器停止运行。这个问题可能会很棘手,因为合同中没有明确规定你方团队的设备与政府提供设备匹配的时间节点,你方的工程师对时间节点做出了合理的设定,并据此编写了软件。客户认为你设定时间节点的决定任意武断,所以该问题及其衍生问题,包括排除故障的时间、推迟对进度的影响、修正软件错误的时间,都应该由你承担。

你能同意这种说法吗?当然不能。技术规范编写者的最终责任是确保规范要求清晰完整,人总得为自己的所作所为负责,对客户来说亦是如此。那么,客户应该为所有与问题相关的代价负责吗?客户也不认为他们应该为所有事情负责。虽然你提醒客户发现了政府提供设备的问题,而且该问题可能会增加成本,但你毕竟审查过客户提供的技术规范,并没有发现任何缺陷。实际上,客户可能在合同中写入了以下法律用语(你接受的条款):“立约人确定已审查过该要求,认同要求是清晰完整的。”对你来说,不幸的是合同中确实有此要点。即使技术人员明白不可能提前确保所有必要信息都包含在技术规范中,但你确实签署了该条款。

你应该积极采取措施降低问题所带来的不利影响,尽可能减少解决问题产生的费用。而且,应该充分与客户协商解决问题。一旦双方意识到自己对问题都负有一定责任,并且认同是双方的责任,那么需要做的就是双方达成一种缓解成本

(和进度)影响的公平方案。你应记住在解决问题的过程中注意分步进行,确保团队合作效率,确保合同内容覆盖后续工作。

8.3 项目迟滞及应对措施

大多数合同要求提交文件或图纸,供客户审批。在获得审批前,禁止任何行动或费用支出。合同也有反馈时间,例如提交后的 60 天内,这是客户进行审批的时间。项目进度应该留出审批时间。一切都会正常进行,除非客户在规定期限内没能及时进行审批。得不到审批,你就无法开展项目;至少不能明确做什么可以不让项目和公司资金受到威胁。例如,在购买组装用部件前,装配图纸需要得到审批。更复杂的是,采购部件前,只有所有的审批都在手,这样才能批量购买,获得最大优惠。即使像印刷电路板这样的小部件的审批推迟了,也会对项目进度和成本造成严重的不利影响。即使 100 个审批中有 99 个是按时进行的,剩下的这 1 个没审批的也足以让你左右为难,是先采购已审批的 99 个,还是等这 1 个没审批的,然后一次性完成所有部件的采购呢?

正如上文所述,审批推迟,即使推迟的只是项目的一小部分,也会产生严重影响。你的职责就是尽量减少审批推迟这种情况,在推迟出现时寻找公平合理的弥补方式。有时,审批推迟出现的原因仅仅是因为文件堆积如山,客户忘记审批的期限了。这种情况下,如果你足够机敏,很容易避免这种问题。随着日期的临近,你可以电话询问客户项目的审批进展如何。如果因为技术问题造成审批推迟,你可以技术答疑,或让设计工程师参与其中,帮助客户尽快完成批复。通常,你的提醒足以避免推迟的发生。

你不愿意看到的是客户仅仅因为没时间审查图纸就否定图纸。当然,客户太忙并不是否定图纸的理由,但客户认为解决工作量过大的最不尴尬的方法就是否定图纸,等待你再次提交。即使你很快地又提交了图纸,进入再次审批程序,而且比第一次批复的周期短,也会扰乱项目进度。

如果能"证明"客户故意因为无关紧要的原因而否定图纸的话,那就可以向客户提出索赔。但愿你和客户的关系能够避免这种情况的发生,或者,你可以通过"含蓄地威胁"进行索赔。目前最好的方法就是帮助客户履行职责,正如客户帮助你履行职责一样。客户的成功和你的成功息息相关,如果双方都能牢记这一点,合作就完美了。例如,你提醒客户审批日期快到了,客户告知将推迟一周批复,你可以申请索赔,也可以为了加强合作,在产生很小或没有负面影响的前提下找出解决推迟的方法。但由于事关合同,你应该联系合同管理专员(CA),拿到允许审批推迟一周的正式函件,或拿到带有正式更改日期的采购订单更改通知。合同管理专员和客户一起努力找到最好的方法,减少对双方的影响和产生的风险。

你应该从上述讨论中认识到一个关键点:客户推迟合同履行的行为可能造成大问题,但你可以减少问题带来的影响。不择手段的项目经理会试图扩大问题,这种情况的确存在。但愿你永远不会让项目陷入这种状态。合作伙伴最需要帮助时,给予的帮助最值得感谢。看到客户的弱点,不要利用客户的弱点,而是建立信任,有助于你与客户顺利进入下次的"合作"。

8.4 批复意见不当

客户无正当理由的反对或不恰当的审批意见与上文讨论的审批推迟密切相关。无论是你还是客户都经常误解客户的审批权。客户不能滥用审批权,按照自己的偏好行事,这超出了采购订单和合同规范中的要求。假设你的系统有一项关于冗余的规范要求,你的方法能满足该要求。然而,客户有不同的方法,希望你能从她的视角看问题。两种方法都能起作用,也都能满足规范要求。你向客户提交了图纸,客户电话通知你打算不批准该图纸,因为她不喜欢你的图纸。但是,合同中没有有关客户喜不喜欢的规定。客户辩解说她的方法也能达到同样的规范要求,引导你选择她的方法。客户的做法当然不对。如果实现规范要求的方法有多种,你有权选定最佳方法。所以即使客户的方法稍微好一点儿,甚至好很多,你都没有义务满足客户的偏爱。为了维护与客户的关系,在不对自己造成不利的情况下,你确实可以考虑选择客户偏爱的设计。但是要让客户明白,选择满足要求的方法,这是你的特权。如果客户表示拒绝批复或否定图纸,你需要提醒客户一条重要原则:合同限定了审批权的范围。

你需要提醒客户:作为客户,她有能力得到她想要的,但是需要修改合同,将规范缩小在她偏爱的范围内。当然,当你收到修改的合同时,有权利(和义务)明确该更改对成本和进度造成的影响。

这自然不是客户、你和你方工程师想看到的结果。解决方法同样要靠沟通。具体方法是让客户参与到工程师决定方案的讨论中,这是客户展示想法和陈述理由的机会。当然应该听取和尊重客户的想法,但如果你的团队不同意,他们也有权否定客户的想法。参加以上讨论也是有好处的,即使讨论后分歧仍在,但至少听取了客户的想法,而且如果要修改合同,工程师可以提出他们的观点。会谈当然是确保大家都明白规则的好方式。同客户会谈导致的任何图纸批复推迟,你都可以提交公平调整请求或申请索赔,这种情况需要在会谈中明示。利用合同控制项目发展方向是确保项目按进度进行的最好方式之一。

拒绝客户的要求不是件愉快的事,这就需要你展示柔和的领导能力。你必须以一种非对抗性的方式确保所有人,包括客户,都理解规则,如"玛丽,我们当中有几个人喜欢您的想法,您的想法确实满足规范要求。我希望我们能尽快就这一问题碰面,不过目前而言,因为进度(或成本)方面的限制,我们需要按照现有的方法继续进行。我们知道您是客户,也确实想尽我们所能满足您的要求,但就这一点来看,我们需要拿到修改的采购单,才能采用您的方法。您愿意让我们对此次修改进行一次正式评估吗?"

考虑到与客户的关系和合作经历,你更愿和玛丽在办公室而不是当着团队的面进行上述讨论。讨论中玛丽会惊奇地发现自己唯一的"实权"是确保你合理地实现合同的要求。

上述内容是风险相对较高的例子,也有许多风险相对较低的例子。例如,针对图纸客户会提交一份"带有意见的审批",根据合同,这些意见可能与审批本身具有一样的合同效力。但在上文的例子中,不是所有人都能认识到这一点。客户"强迫"项目经理扭曲设计,拒绝做出"最后批复",除非自己的意见得到采纳,这是不合理的。你有权对客户的意见做出回应,包括技术或财务相关的意见,同时礼貌地回应其内容"超出了现有合同范围"。在客户给出批复意见之前,最好的方法是和客户电话讨论现在的处境,避免棘手的书面更改,这是你职责的一部分,务必满足客户合理和能够实现的需求。但是,你必须保证项目的资金和进度,防止客户关于图纸的意见使项目资金和进度朝不当的方向发展。

8.5　合同外要求

合同外要求和上文描述的例子相似,因为这也属于客户通过不当渠道影响合同的情况,遇到这种情况,你应该提交公平调整请求或申请索赔。

双方工程师之间的接触是这种情况下的主要风险之一。你方的工程师与客户一方的工程师进行沟通,增加了项目的成功率。你希望双方的工程师可以建立联系,就像你和客户之间的联系一样。客户一方的工程师最清楚如何使用设备,他们代表了最终用户的声音。所有人都希望设备能为最终用户提供最好的服务。但是何时及如何采纳他们的意见是做好项目管理的关键。

理想情况是,合同规范中纳入了所有技术优先项和最终用户的想法。当然,此处的"所有"并不能真正实现,因为客户编写规范时可能会认为一些想法对他们来说不重要,而且,设计成形期间还会萌生其他想法。有时,你方工程师的做法根据合同来说是正确的,但是最终用户并不认可。多数情况下,在不对合同造成负面影响的前提下,你方的工程师和客户方的工程师可以共同解决这些问题。客户方的工程师为了实现更好的产品性能,可能无意间对合同内容进行了更改,而你方的工程师也对本次更改没有提出疑义。

客户工程师:如果模数转换通过传输模块完成,这样不是更好吗?

你方工程师:是的,我认为可能是这样。您是客户。我们会调整的。

那么，你方的工程师会问自己下面这个问题吗？“这次更改会对成本或进度造成影响吗？”也许不会问。你确实希望工程师首先关注设计质量，但“首先关注”不是“专注”。你希望工程师对客户的想法具有敏感性，“对想法敏感”而不是“受想法驱使”。客户的建议也许很好，但如果你方的工程师采纳了客户方工程师的建议，那么你可能会陷入需要索赔的局面。

解决上述问题的一种方法是确保合同管理专员监管所有技术会议，但这种方法既没有效率也不起作用，而且绝对会增加项目成本，因为合同管理专员参与讨论的时间成本会在合同上有所体现。因此，更好的解决方法是工程师们自己保持警惕。当对产品设计萌生其他想法时，你方的工程师和客户方的工程师应该考虑是否对合同内容的范围产生影响。为此，你必须确保工程师们了解底线，然后再让客户参与讨论。

你不可能参与所有的技术会议、接听所有的电话，但你方的工程师可以，他们必须理解合同的基本理念：任何合同范围内的解决方法都是可以接受的，客户可以提出建议，但是你们不一定要遵照这些建议，对模糊区域需要先调查再行动。该基本理念只告诉工程师一次是不够的。经验阅历丰富的资深工程师可能确实会明白这种理念，也许通过多年前的惨痛经历早已明白。而初级工程师可能并没有那么快理解这种理念，因此在他们做出“无人监督”的事情前，应确保他们明白上述基本理念。你可能会觉得提醒工程师过于唠叨，但与其唠叨也比不知不觉地陷入索赔的局面中要好得多。

8.6 技术规范有瑕疵

一些合同的要求很复杂，在某些情况下也必须复杂。没有清晰明确的技术规范就无法设计出性能优异的设备。有时，技术规范多得可以装满整个书架，因此在投标过程中，没人能做到完全理解并确认这些技术要求全部能够实现。从理论层面来讲，经常进行全面评审有利于对这些技术规范的理解，但实际上并不正确，所有人都明白不可能完全理解相当复杂的系统及其技术规范。虽然作为投标阶段的一部分，你必须对技术规范有所了解，但技术规范中存在的问题在当时却无法被识别，但或许在合同实施几个月、甚至几年后才能有所显露。

投标时，你必须确定自己理解技术规范及其清晰明确的技术要求。如果遇到技术规范无法实现的情况时，你应该向合同或法律顾问进行咨询。如果确实无法实现，这对谁来说都是糟糕的，包括客户在内。显然你需要证明某些技术要求确实无法实现，或实现起来不容易。你还得证明这种结论确实是你经过深入研究后得出的。

这种情况下只有两种实用的解决方法：

(1) 终止合同；

(2) 调整要求。

方法(1)终止合同显然就是直接承认失败,对你和客户来说都是失败。在授予你公司合同之前,客户(可能是军方)必须确保你的公司有能力完成工作。如果你无法完成,对你和客户都会有负面影响。因此你试图建立的某些系统,或许正是最终用户迫切需要的。

与方法(1)相比,方法(2)调整要求或许更可行。理想情况是,你与客户合作完成要求调整。但这可能需要客户提交更改通知,这样事情就变得"有趣"了。客户觉得放松要求意味着合同范围的缩小,所以,如果对采购单进行资金调整的话,客户会降低资金投入。相反,你觉得技术规范不完善导致了额外的工作量的产生,自己应该得到额外的报酬,应该增加采购单上的金额,而不是像客户认为的应该降低！所以客户和你需要对此事进行协商。

协商时,如果你理解客户的处境,甚至给予同情,则双方的协商将会非常顺利,使效率达到最高。这既包括私人层面的协商也包括"官方协商"。记住要以"双赢"的思维考虑问题,如何解决双方的问题同时使负面影响降至最低?如何保持辛苦建立的合作关系?

这当然是个挑战,对于无法实现的技术要求,投入再多的资金也是浪费,而且会使项目的剩余可用资金变得更少。即使你不打算从项目中赚钱,但剩下的资金也已经不足以完成项目。

那么有补救措施吗?如果双方都本着想共同解决这类复杂问题的态度,那么答案通常都是肯定的。但这需要一些"创新"的想法,我们可以从和客户沟通补救的各种可能性开始。一种可行的方法是找到这种要求中的某种特性,该特性客户想拥有,但实际系统运行并不需要。如果客户愿意取消这个要求,节省下来的钱就可以作为补救资金。另一种更好的方式是让客户向你询问合同变更后的定价。这时,客户会说"请提供一种新的方案来给技术规范 A 松绑,并按照要求修改 Q 和 R 的特征。"这种方法也许明智,也许并不合适。合同人员应该密切参与其中,或许他们不理解技术问题,不能贡献想法,但他们知道在合同范围内可以围绕采购单来做些什么。

当你与客户无法达成一致时,或许你会提交公平调整请求或申请正式索赔。正如上文提到的,这种"解决方法"并不值得推荐,因为在这种情况下,其实最需要做的就是进行协商,但在正式索赔过程中,这种自由的沟通会逐渐消失。而事实上,你和客户都希望能以更为"和平"的方式来解决问题。

8.7　信息有误

信息有误与上文讨论的技术规范不完善相似,但由于问题更直接(客户向你提供了错误信息)，因此也更容易处理。由于信息错误，你所做的努力也是无用的。

这时，双方没有必要推脱责任，而是应该寻找双方都能满意的解决方法。在这种情况下，虽然你掌握主动权，但还是应该与客户一起争取双赢的局面。虽然客户提供的信息有误，责任应该由客户承担。但如果客户因为这种失误会使其尴尬，或对其未来前途产生影响的话，这种协商一般都会很困难。你应全力以赴地解决问题，向客户保证会尽力改善双方的合作。你与客户沟通时可采用下面的台词，“哦，这个问题可能很困难，不容易解决，不如坐下来讨论一下我们下一步该怎么办吧”。如果你确实关心客户和自己的成功，沟通内容应该体现出合作的倾向。

针对由客户引起的问题，你的首要任务是努力降低问题所造成的影响，并和客户一起解决。你需要维持合同资金和进度的协调性，还需要帮助客户解决特别糟糕的情况。对客户来说特别糟糕的情况，毫无疑问对你和项目来说都是不利的。但要记住，“雪中送炭”的恩情客户会铭记在心，并在你需要帮助时给你提供帮助。

当然，不是所有问题都能得到圆满解决。尽管你对合同理解得很透彻，一定程度上熟悉法律、订单条款等情况，但你不是专家，实际上也不需要你是这方面的专家。当问题出现时，就很有必要让合同管理专员注意到这些问题。由于风险较高，你需要对问题情况进行记录，向合同管理专员提供书面材料，或至少发封邮件，这样做是为了保证自己日后免受责难。对发现的问题进行记录，确保合同管理专员对问题的理解更透彻，这样合同管理专员才能更容易地从法律部门找到指导。

合同管理专员也倾向于双赢的解决方法，但不要奇怪合同管理专员不像自己一样努力地实现双赢目标。你的职责是完成项目，维护公司的利益，差不多就是这个顺序。合同管理专员或许不太关心项目是否成功进行，但他关心公司利益，这也是他的职责。你有被视为“偏向客户”的风险，实际上也应该这样，而且应该引以为豪。否则，合同管理专员会认为你没有与客户据理力争的勇气。随着大家逐渐了解了你追求双赢的意图，对你的误会也会随之消失，但你应该时刻保持警惕。

由于可能会被误解，你不愿意接受“帮助”。你自信地认为可以圆满地解决问题，不需要合同或法律方面的同事帮助，这样是好的。但如果你试图自己控制问题，而不尽早咨询同事，这也是危险的。

如果你和客户的关系特别好，而且客户在你遇到困难时提供过帮助，你可以对客户的某些不作为行为“置之不理”，但这样做是有风险的。如果你发现了客户的“不履职”行为，但没有采取应对措施，这会损害项目(以及公司)的声誉，使补救更加困难，甚至无法进行补救。

你处理该情形会特别困难。一方面，如果你采取应对措施太迅速，可能把问题处理得更糟，把芝麻大小的事儿处理成西瓜大，而疏远了客户；另一方面，如果你迟迟不采取措施，事情也可能会变得更糟，而且这就是你的责任了，因为没有及时采取行动。

解决大多数问题和潜在问题的关键是沟通。如果不确定某些问题是否需要引起合同管理专员的注意，宁可保守犯错，也要通知合同管理专员。

8.8 面临他人索赔

一些项目，尤其是大型项目，都需要进行分包。第 7 章详细讨论了分包合同的管理，此处再次提出是因为承包商也有可能向你所在公司提交公平调整请求或提出索赔。我们之前讨论了你向客户索赔的例子，这些例子也可能发生在分包商和你之间，变成分包商向你索赔。在这种情况下，避免索赔应交由和承包商直接打交道的项目分包经理及处理分包合同的同事来处理是最恰当的。你的团队中可能会有项目分包经理，如果有，项目分包经理就是避免索赔方面的专家。在小型项目，甚至是具备小型承包合同的大型项目中，项目经理实际上就是项目分包经理。对承包合同的理解，项目经理很可能比客户理解得更好。

上文讨论了你向客户索赔的例子，可以把这些例子看做是项目承包商向你索赔的例子，那么只有做到如下事项才能避免分包商向自己索赔：

(1) 按时向分包商提交需要提交的材料。

(2) 确保提供的材料准确有用。

(3) 对提交的材料和问题及时进行反馈。确保合同中明确规定了“周转时间”，你及你方团队可以解决逐个问题。

(4) 如果订单需要你进行批准或质量检验，需要确保时间要求清晰明确，且你在规定时间内完成批复。

(5) 简要(不止一次)通知团队，确保团队成员明白他们无权指导合同方向(或后续可能被视为合同方向的任何事情)。

(6) 确保承包合同的要求，尤其是技术要求，清楚易懂。如有必要，建议和承包商开会，确保要求清晰。

(7) 最后，确保提供给承包商的信息完整无误。

作为承包合同的制定者，你必须把自己想象成客户，按照客户的角度进行思考。尽管你正努力同承包商建立关系，但和处理与客户之间的关系相比，你在处理与承包商之间的关系时更要注重策略。原因是，承包商把利益放在同你的关系之上，而且更有可能利用你的错误或疏忽。然而，大多数承包商还是具备职业道德和通情达理的。你应该确保支持承包合同的行动质量高、按时完成且记录完整。

8.9 其他索赔管理问题

截至目前，与客户进行良好沟通是避免提交公平调整请求或申请索赔的最好方式。你提醒客户相关工作即将到期(如图纸批复);梳理不清晰的技术规范,(礼貌地)声明自己对要求拥有有效解释权;尽早明确客户提供的设备性能是否有问题等,这些都是避免索赔的最好方式。你可以就出现的问题随时给客户打电话或发邮件,或者可以是创建和提交月进度报告。这种每月提交1次报告的形式,除了方便你和客户收集进度消息,也便于阅读,当然还有其他作用,报告中记录了你是何时发现客户问题的,有助于你和客户根据记录制定相应的措施。

尽管除了上文提及的作用外,该报告没有任何合同效力,但这也是一种记录项目进度和问题的方式。如果双方的关系变得非常糟糕,该报告就变得很重要了。把问题记录在案,避免了你对问题进行选择性记忆,这是一种最高效的方式,可以让自己看到所有需要处理的问题。

你需要明白有些公司会利用索赔来进行恶性竞争。虽然你和你的公司因为非常的道德和诚实而不愿采取这种行为方式,但你需要能够发觉这种行为,保护公司免受不公正的对待。假设客户提交的询价有明显的错误,符合职业道德的正确做法是让客户注意到错误,对询价进行修改,修正错误。但也有一些无良竞争者想通过不正当的手段中标,他会将标价定得非常低,抓住这次商机,一旦中标,他可以随时指出错误,迫使客户进行报价更改,然后他就有机会对更改的报价投标。合法情况是只有与报价更改相关的费用才能纳入到标书中,但客户通常不能准确地区分合法的额外成本和“其他成本”,往往倾向于选择低价中标者。结果就是客户被无良竞争者利用,项目经理在这场不公平的竞争中丢标。然而要证明无良竞争者进行“恶意”竞争特别困难,当你发现这种可能性时应该及时上报给公司的法律部门,这方面的专家可以决定采取哪些措施。

避免上述不当索赔的最好方法是全面审查客户的询价和技术规范。在投标过程中,如果你发现标书中的错误并向客户指明,无良竞争者就无法利用该错误。你会惊奇地发现不是所有公司及其项目经理都像自己的公司和自己一样具备职业道德。因此,你必须保持警惕,仔细审查询价和技术规范,排除无良竞争者进行不当竞争的可能性。

8.10 小结

合同不是毫无缺陷的,客户也不可能完美地履行职责。这些不完美可能会增加项目成本、延长项目进度,而你的职责就是避免这些情况出现,其最好方式就是在客户提交询价时全面审查所有的要求,然后,与客户经常沟通交流,互相帮助,避免双方陷入麻烦。良好的交流和坦诚的意图可以避免很多问题,防止有问题的技术规范带来时间、资金上的过度花费,产生敌意和不必要的争议。

8.11 本章习题

8.11.1 讨论

1. 索赔是增加项目经费的好方式，对吗？

2. 项目的范围出现问题，你想继续进行。客户说“继续吧，稍后我们会解决的。”面对这种情况，作为项目经理的你应该怎么办？

3. 处理与客户的关系时，最具挑战性的问题之一是“划定”模糊区域的范围，划定时需要考虑哪些因素？

4. 你方的首席工程师与客户的首席技术师关系很好。作为项目经理，你担心自己的工程师会为了取悦他的“朋友”而损害项目进度和资金。那你应该怎么办？

8.11.2 书面作业

1. 写出有关如何减少项目索赔可能性的策略。

2. 如果项目的范围超出合同的内容，应立即采取哪些措施防止问题扩大？

第9章　领导模式

9.1　领导力:让员工按照你的意愿做事

这似乎是个不错的定义,但却没有体现如何做的问题。项目经理对项目的战略目标有着深刻的理解。但战术目标,即如何实现战略目标,却超出了他们的专业范围。因此,有效的项目管理不是让员工按照你的意愿做事,而是让他们做有利于项目的正确的事。只有傲慢无知的项目经理才会认为只有他/她知道应该做什么。优秀的项目经理深知必须汲取团队的智慧、经验和力量才可避免“让员工按照你的意愿做事”,而是“让他们做应该做的事”。

9.1.1　如何实现领导力

现在我们来谈谈如何实现领导力。

本章的名称是“领导模式”而不是“管理模式”。“经理”的定义包含了权力和权威。优秀的项目经理能够认识到他们的“权力”远不如“领导力”重要。在绝大多数的组织机构中,项目经理的权力有限,如:他们不可随意雇佣或解雇员工,或为员工升职和加薪。因此,虽然多数人的印象中项目经理权力很大,但这只是感官印象而非现实。真正的“权力”根植于领导技巧。

从对于工程师职业生涯的影响上看,职能经理的权力远超项目经理。职业生涯的发展和薪酬的提高是工程师们的重要动力,因此,与职能经理合作有助于激励工程师,毕竟拥有“强大的”朋友益处良多。就我个人经验而言,即便你只需运用权力就能达到目的,但运用感化力远强于使用权力。记住,项目经理工作的一部分就是将最优秀、最聪明的员工吸收进你的团队。图 9.1 示出了两种领导模式。你认为有能力的员工会选择哪种工作环境呢? 记住,聪明人善于做出正确的选择。

项目经理控制着项目的资金,这也许就是权力所在,但如此权力十分有限,员工深谙此道。“手握财权”对于开放式农贸市场十分有效,但这种模式也适用于其他组织机构吗? 假设项目经理对软件团队的工作不满意。他们进度太慢,他/她正考虑甩掉这些负担(听起来项目经理比任何人都生气)。因此,他/她决定削减经费,工程师们继而变得无所事事。如此,他们不再占用项目的预算,但职能经理却面临一个问题,即无法为这些工程师找到能为公司带来收益的工作,但他们却在持续地产生日常开支。削减经费确实体现了项目经理的权力,但却没有取得积极有益的效果。而现实工作中,确实有项目经理会采取这样的措施来加快工作进度。

图9.1 工作环境

因为进度太慢而中止工作是一种很无力的解决方案。每个人都懂得这个道理,因此威胁削减经费没有太大意义。首先,威胁是一种拙劣的激励手段,而无力的威胁则更为可笑,绝不可能达到目的。项目经理永远不要让自己陷入这种境地,即企图利用无力的威胁改善团队的表现。

9.1.2 感化他人而非命令他人

因此在实权有限的情况下,项目经理手中的底牌不是资金,而是感化力。优秀的项目经理会通过感化力激励工程师。如果你是一名工程师,你应该了解,在学校里,工程学科的学生通常会在实验室熬到很晚;而其他学科的学生相比就有更多的空闲。这些工科学生所体现出的纪律是他们能力、技能和职业道德的一部分。让热爱并渴望工作的人工作不是很难的事情。况且,你的公司对员工有选择权。航天国防企业吸引了很多喜欢从事有挑战性的工作的优秀人才,正因这种供大于求的情况,你可以从这些勤奋而又上进的候选人中挑选最优秀的一批。因此,你可能根本不需要运用权力来督促员工,感化力就可助你达成目标。这是一个好消息,因为你无法保证你有多少权力,但是你的感化力却完全在你的掌控之中。

那么感化力从何而来呢?想想那些曾感化过你的人,特别是那些让你觉得充满干劲儿的人。你会意识到那些你尊重的人更容易影响你——你的团队成员也是如此。赢得他们的尊重和信任可使你事半功倍,也是你成为真正的领导者的标志。你不必变成一个行为科学家,去了解工程师们的动力,你只需先了解你自己。

许多项目经理都将注意力放在有形的事物上,而忽视了对于领导力的探究。

多数人只是唱高调，真正愿意花时间来思考这个问题的人寥寥无几。领导学领域有很多理论家，但是作为工程师，我们更关注实际应用。今天我们就将理论转化为实际，在实际工程中检验领导力。

9.1.3 领导学理论

McGregor 的 X、Y 理论假定员工分为两种基本类型：

X：懒惰型，需要别人告诉他要做什么

Y：上进型，不需要指导就知道应该做什么

虽然这两种类型都可能出现错误，但 Y 型工程师远强于 X 型工程师。因此，如果你的多数员工属于 Y 型，那么你不需要监督或进行微观管理，只需营造一个协作的工作环境即可。你需要帮助团队实现战略目标。

“领导力”在不同情境下意义不同。军方提倡“领导力”，但是那种专制的、不容置疑的命令不是你真正需要的。事实上，你需要将“命令”的成分最小化，并追求“达成一致”。让工程师们坐下来合作比防止士兵变节容易得多。步兵排若使用参与式的领导模式几乎无法执行任务：

中士：你觉得我们应该冲上山吗？

士兵 1：山上有许多配枪的敌军！我们不能上去，中士。

士兵 2：看，还有另一座山，山上没有敌军，我们应该去那座山！

士兵 3：还用跑？走着就能上去！

为了赢得战争，士兵们需要严格、快速、无条件地按命令行事。但就项目经理而言，你希望你的团队可以拥有不同的选择，并创造出多种可能性。这种可接纳多种观点并鼓励提出新观点的领导模式与命令士兵上山的领导模式不同。你不需要盲从，而是要团队成员用心去工作，并做出最好的决定。这就需要权力下放并实行参与式领导模式。团队中每个人的背景不同，每个人都致力于做出最棒的设计，在这种复杂的情况下，参与式的领导模式优势显著：

项目经理：你认为我们应该将处理器放在前端板上吗？

工程师 1：听起来不错，可以节省空间。

工程师 2：确实可以节省空间，但我担心处理器会产生噪音，影响前端信号。

项目经理：有道理，那我们还是安装独立板，大家同意吗？

因此，如果你想充分利用团队中（或会议中）每个人的专业知识和经验，项目经理就要充当引导的角色，引导大家最终达成一致。优秀的项目经理会耐心地倾听每个人的观点，并确保讨论不会往消极的方向发展。通常，拥有好点子的员工比较“沉默”，因为这类人喜欢全面地考虑事情，在未进行充分调查前不愿发表观点。对于这些人，项目经理要给他们充足的时间，等待他们说出自己的想法。作为讨论的引导者，你或许也有自己的观点和建议，但请以团队成员的身份，而不是领导者的身份进行发言。在类似的会议中，项目经理应确保与会人员真正地达成一致并尽可能快地做出最优决定。

这种领导模式中，项目经理是团队做出最优决策的催化剂，领导力的使用效果最佳。当然，项目经理应该具有谦逊的品质，能够认识到这个集体，或者是集体中的某些成员强于自己。

因此，如果你想成为一名优秀的参与式领导者，你应该谦虚，并尊重你的团队成员。人们追随令他们畏惧或让他们尊重的人。胁迫或者畏惧可能暂时有效，但专制的领导者也具有自身的局限性，也会犯错，而员工或出于害怕或出于对他成功的漠视往往不会指出他的错误。独裁者的核心集团充斥着阿谀奉承之人，逆其道行事的后果往往是被踢出团队。因此，新的观点受到了压制，并产生了灾难性的后果。

“农民们没有面包可吃！”

“那让他们吃蛋糕。”

（被压制的信息：“如果他们遭受饥饿之苦，陛下会有很大的麻烦！”）

当然，不是说所有事情都需要集合整个团队做出决定，但是对于某些重要决定，则强烈建议召集团队中的重要人员一起商议。在日常工作中，项目经理需要做很多决定，但不可能所有的决定都通过集体商议的方式确定，那么“怎样成为一个优秀的领导者呢？”

9.1.4　赢得尊重

我们之前讲过，要想成为一个优秀的领导者必须赢得尊重。如果一个政治领导人爆出丑闻，他/她就失去了领导力，即便是权力很大的最高统帅也是如此。

想想那些你认识并尊重的领导者，想想他们的共同特征。通常我们不会特意思考为什么尊重他们，但我们心里有一系列标准，并会下意识地将我们观察到的事物与心中的标准做比较，从而认定哪位是优秀的领导者。如果你的标准和你团队成员心中的标准相似，那再好不过。大多数人认为优秀的领导者具有以下品质：

- 聪明
- 有能力
- 勇敢
- 公正
- 有洞察力
- 敏锐
- 有同情心
- 有经验
- 体贴（愿意倾听我的观点）

- 兼容并蓄(确保沉默的人也可以表达观点)
- 谦逊
- 自信(如果事情很棘手,我们不希望看到项目经理很惊慌)
- 乐观
- 勤奋
- 值得信任

聪明的团队成员崇尚这些品质,他们知道这些特质是成功的关键。因此,无论何时,你都应保有这些品质,以赢得员工的尊重。

赢得尊重不是一朝一夕就能实现的,这是一个漫长的过程。在你赢得尊重之前,你的项目面临风险。

在人们不了解你之前,他们会对你抱有疑虑。通过向他们展现那些值得尊重的优秀品质,你的领导能力也得到了提升。

失去他人的尊重比赢得尊重容易得多,看看那些丑闻缠身的政要就知道了。当你树立“领导形象”的时候,以下这些行为足以让你回到起点,甚至更糟:

- 失态或贬低下属
- 不诚实——在合同中,甚至在分担午餐账单时
- 使团队陷入困境——大家都忙于解决问题加班到深夜,而你因为疲惫下班就走
- 傲慢——或抬高你的位置
- 表现出明显的偏袒,任人唯亲
- 员工有重要事情想与你沟通,却被拒之门外
- 私心重
- 优柔寡断
- 顽固
- 偏见

当然,以上各种行为的恶劣程度在每个人心中不同。如:受到偏袒的人可能不会在意领导者表现出的偏袒。比较幸运的是,大家都知道人无完人。因此,当你失态时,最重要的补救方法就是道歉(而且你需要从信任和尊重你的人那里得到帮助)。失去尊重和信心的领导者早晚会被取代,不能令人信服的项目经理也就不再是团队的领导者了。

领导者可以传递和接收信息,项目经理也是如此。但如果要成为更好的领导者,你需要信息,而只有你不讲话时,才可以接收到信息,这也让你成为了一个好的聆听者。用心去倾听可以帮助你得到更多的信息,使你成为一个更加优秀的项目经理。

最后请记住,领导者需要勇气和自信,并具有承担风险的能力。领导者不能指

望通过“融入”团队和“不激起风浪”来控制团队前进的方向——与众不同需要勇气。人类行为中体现出的动物本性远比我们意识到的严重。下一次开会的时候，请观察你同事表现出的绵羊症候群特征——保持沉默，即便该说的时候也不说，都指望着他人说出自己的观点。鱼的行为也是一个很好的例子。为了自保，鱼总是成群行动。游在外围的鱼被吃掉的可能性更大，因此，生存本能驱使所有的鱼寻找中间位置，这也是鱼群形成的原因。但是，有一条鱼没有为生存而焦虑，它游在了最前面，带领着鱼群。因此，这条自保意识不那么强，但却看重群体利益（在意鱼群是否游向正确的方向）的鱼最终掌控了整个群体的行进方向（见图 9.2）。

图 9.2　大自然中的领导者

9.2　小结

优秀的项目经理有很强的影响力，这种影响力是通过赢得团队成员的尊重实现的。新组建的团队中，成员会默认他们拥有一位优秀的领导者，而后默默地在心中估量这位项目经理是否值得信任并赢得他们的尊重。团队成员尊重那些具有优秀领导特质的人，但赢得尊重不是一朝一夕可以实现的，项目经理需要付出恒久的努力，展现那些优秀的品质。

赢得尊重很难，失去却很容易。领导者不需要一直表现得很完美，但是勃然大怒或行为粗暴会引起致命的后果。成为一名优秀的项目经理需要按照令人尊重的方式行事，如果出现问题，一定要及时道歉，并确保所有目睹你失态的人都接收到你的歉意。

9.3　本章习题

9.3.1　讨论

1. 你认为你的团队成员更看重团队的成功还是他们个人的成功？或两者兼顾？或者还有其他的动机？

2. 讨论不同情景下的参与式领导模式，何时有效？何时不可行？

3. 好的领导者都具有"谦逊"的品质吗？

4. 列举历史上著名的领导人。他们采用的是何种领导模式呢？"名望"和"成功"总相符吗？讨论有哪些著名的领导者只是企业的傀儡？

5. 某人采购时忘记了试验（电路）板中关键的一个部件。这个部件价值 100 美元。如果是你，你觉得应该自己出钱买下这个部件吗？

6. 如果你不能积极地激励你的员工，你就可以通过让他们畏惧而激励他们，这种说法对吗？

9.3.2　书面作业

1. 虽然你一直很尊重你的员工，但某天你失态了，对你的员工大发脾气，你应该怎么做？那些目睹你失态的人呢？

2. 讨论以下关于领导力的定义的优缺点：

领导力：让员工按照你的意愿做事。

第 10 章　沟通交流

“为什么没有人通知我?”经理在哀嚎。真正的答案是“因为告诉你也没用!”。但这不是“正确”的答案,因为经理真正想要表达的是指责,而非对理由的询问。他/她很生气,而我们都不会去招惹一个生气的人,尤其他/她还是你的老板!

项目出现问题往往会归因于沟通不畅。通常情况下确实如此。沟通不利是出现问题的基本原因之一,或至少是情况恶化的原因。而沟通不利的根源就在于图 10.1 所示的沟通方式。

图 10.1　一种沟通方式

问题没有显现有可能是因为员工对公司的战略规划不熟悉,还有可能是发现问题的员工选择“让大火自生自灭”而非求助于“消防部门”(这里指项目经理)。

任何说教对进度的推进都毫无意义。若想改善进度绩效,必须找出问题并采取措施。你的助理每天都在默默地解决问题,他们有特殊的才能,知道何时需要提醒项目经理可能要有麻烦了。你需要他们做的就是告诉你何时可能出现问题。那么他们会告诉你吗? 是什么原因让他们选择告诉你或对你有所隐瞒呢? 这是沟通困难的关键。

图 10.2 示出了沟通不畅的补救方法。

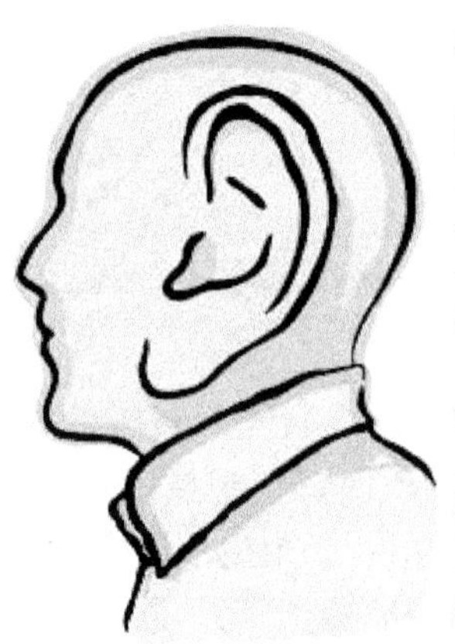

图 10.2 一种好的沟通方式

如果你的助理把你当做一个倾听者，他们自然会告诉你所发生的一切，包括即将出现的问题。注意，示例中的项目经理一直保持着冷静。他接收到了很多信息，但却始终保持着冷静！即便听到不利的消息也没有痛斥传递消息的人。处决传信人的行为在古希腊时代就已经杜绝了，但是如何能够控制自己不在传信人面前表现出包括生气在内的消极反应？这还是一个需要我们关注的问题。

优秀的项目经理不会表现出生气的情绪，他反而会问“我能帮上忙吗?”，而他也确实打算这样做。他/她的反应不是苛刻的评判而是一种有建设性的询问。因此，团队乐于与其商议交谈，而不是想尽办法回避他。平易近人是一种很重要的特质。

如果员工认为：

(1) 与你沟通对项目有利；

(2) 与你沟通对自身有利；

(3) 你关心、在意他们；

(4) 会得到你的帮助。

则员工愿意与你沟通，但如果他们认为：

(5) 沟通会惹祸上身或给他们的朋友带来麻烦。

则他们会尽量避免与你沟通，第(5)条可以轻易地压倒前四条。

假如你是位专制的领导者，你接收到进度有问题的信息(也许是一位无戒心的团队成员告诉你的，或者可能是你闲聊时偷听到的)后会采取行动。你可能会：

(1) 强制加班；

(2) 要求早上 6 点开会；

(3) 召集所有团队成员进行“大审判”；

(4) 找职能经理抱怨；

(5) 人员变更,改变分工;

(6) 制定补救计划,该计划包括前面(5)项内容。

如果你的团队成员知道你会做出如上反应,他们为什么还会告诉你不好的消息呢?

火警拉起时会有不好的事情发生,这种恐惧心理正是迟迟不肯拉响警报甚至根本不拉警报的原因。有时候甚至团队以外的人员都察觉到了问题。一旦问题发展到这个程度,就很难扭转局势了。你需要在问题刚出现的时候就了解情况,而不是等“火苗都窜出二楼了”才刚意识到出现了问题。

事实上,你需要你的助理一旦察觉问题就马上向你汇报。如此一来,你就会召集相关人员一起决定下一步的行动。

那些不易接近的经理往往极度渴望得到信息。如果这个需求长期得不到满足,他/就会制定一些错误的沟通战略。与这种类型的经理交谈更像是接受审问,他/她觉得你有所隐瞒(或甚至是撒谎)。为什么说像审问呢?很简单,为了不惹麻烦,那些不那么直率的员工往往不会告诉经理坏消息,事实上因为害怕被审问,他们根本不会告诉他/她任何消息。员工甚至为了避免与经理碰面绕道而行。结果可想而知——经理的信息十分匮乏,而他/她为了解决这个问题会展开更加咄咄逼人的审问。这种螺旋向下的沟通方式对公司没有任何益处。

有益的、无所顾忌的、开放型的沟通是成功团队的特质。这种沟通包括团队内部及团队与领导之间的沟通。公开的环境有益于各层级之间的良好沟通。优秀的项目经理能够确保员工不畏惧与他/她沟通。

10.1　团队内部沟通

当然,你不需要掌握所有的消息。信息会在你的团队成员间快速地扩散,还有可能散播到团队以外的人员中。图10.3展现了团队成员间的沟通。

你就是图中心稍大一点的那个人。可以看出真正通过你的沟通路径并不多。那么你的沟通义务就仅限于你个人的输入/输出了吗?答案是否定的。团队间的良好沟通是你和团队成员的共同责任。信息如果不能在需要的人之间自由传递,将会阻碍项目的进展。

很难确定团队中哪些成员间存在沟通不畅的问题,即便你再平易近人,也不太可能会听到团队成员间的矛盾。这也体现了选择互相尊重的人作为团队成员的重要性。然而,我们很难保证团队中的每个人时时刻刻都可以“正确行事”。职能经理负责最终的人员分配,因此你可能无法选到你和团队其他成员想要合作的员工,他们可能有别的工作安排或和别的项目已经有了默契。因此,你的团队中可能在沟通方面存在不和谐因素。

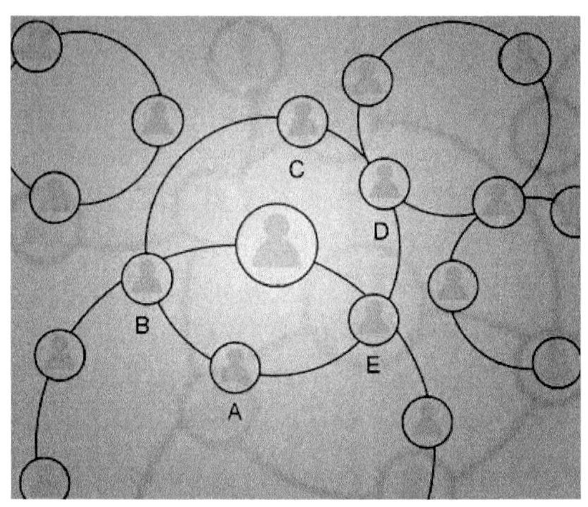

图 10.3　团队沟通

请注意,在图 10.3 中,如果 A 不与 B 交谈,他们之间的信息流将会是多么的复杂。中间要经过三或四个人才能传达信息。虽然团队中两名成员互不往来的例子很极端,但这却是难于发现沟通问题的原因之一。A 和 B 可能一起工作,但是可能他们其中的一人或双方都在尽力避免相互接触。

那么你怎样才能找出问题呢?看看图 10.2,倾听可以加深你对团队成员之间关系的了解。一句"情况怎么样?"会帮助你得到很多的信息。当你怀疑 A 和 B 之间出现了沟通问题时,你可以问 B:"与 A 合作的怎么样?她对你有帮助吗?"如果 B 很厌恶 A,你可以从她的回答中有所察觉,或许很细微,毕竟大家都不愿意"惹麻烦"。但是说话的语调,或补充信息可以给出你想要的答案。

如果找出了问题,你应该怎样处理呢?你应该私下与他们交谈,提醒他们沟通(事实上也是他们工作的一部分)的重要性。你可以向他们征求问题的解决方案,他们可能会做出让步或提出调整人员分配。关键是发现问题后立即采取行动,而不是让问题继续发展下去。这是项目管理艺术的一部分,也是对你领导力的考验。

10.2　团队外部沟通

你和你的团队成员也要与公司的其他人员共事。比如你需要 IT 部门为新电脑安装建模软件。你需要进货检查部门尽快开出实验室材料收据,确保样机正常运行,你还需要安保部门负责软件室的安全问题。团队外部沟通不如内部沟通那么友善。保障部门为你服务的同时也要为别的项目提供支持,而每个项目经理都觉得自己的项目最重要。这种情况下,尊重和谦虚依然有效。发邮件表明你的确切需求十分必要,有助于保障部门将你的问题或要求传递给专管人员。如果事情没有得到解决,你也有证据表明你确实作出了清晰合理的要求。

记住,个人的性格对这些业务的开展有重要影响。如果你的团队成员与可为团队提供协助的人员不和,那么你可以选择另外一名成员代替他与对方接触。假设你的运营工程师和运输部门的经理关系不好,那么你最好亲自安排运输。能够解决所有的“性格”问题最好,但是鉴于项目经理的属性,你可以把这个问题交给职能经理处理。

10.3 与客户沟通

大多情况下,公司通过项目经理与客户接触。虽然合同管理专员会处理正式信件而系统工程师会负责技术沟通,但你仍需对整体沟通的情况负责。正如上文所讲,你要时刻注意你的团队成员和对方团队成员间的沟通是否存在问题。

与客户间的沟通决定了项目的成败,如果有必要,你可以采取一些强硬措施。假设你的合同管理专员和客户的采购员在谈判过程中出现分歧,影响了谈判的进展,那么你可以换掉你的合同管理专员。可能他/她并没有犯错,但这与项目无关。你需要维持良好的关系。即便是你与对方的项目经理出现矛盾,你的领导和对方的领导也会根据你对项目的重要性做出取舍。从大局考虑,很可能替换对方的项目经理更为合理,但请记住,对方是客户,在冲突中有绝对的话语权。

10.4 关键的沟通技巧

如果你没有从本章中得到任何帮助,那么请看看下面的沟通小贴士。“主动倾听”是在专业和非专业领域中很流行的一种沟通手段。那么如何确定你已经正确地接收到了对方的信息呢?答案是复述,用你自己的话复述。但请注意,过分使用这种方法会产生过犹不及的效果:

约翰:我要去买一杯咖啡,马上回来。

你:我看你是想趁机休息一会儿,但不会花很长时间。

但在接收较为复杂的信息时,如:技术信息,复述的方法十分有效。同事间和客户间的相互理解至关重要,主动倾听益处良多。

有时你认为你已经理解了对方的意思,但当你复述出来时就会发现事实并非如此。这样做可以避免误会,提高沟通效率。

我以为你说的是5dB,而不是5个音阶。

如果你第一次听到5的时候就复述了接收到的信息:“你说的是dB,对吗?”你就会节省很多时间。

此外,如果你想找出问题,主动倾听也很有帮助。

“你的意思是不喜欢和约翰合作。”

“不，约翰挺好的，但每次我们需要进行小的修改时，他总是贸然行事。”

“噢，是这样。很高兴99%的时间你们都合作地很愉快。或许在下次需要修改之前，你应该找约翰聊聊他的问题。”

如果你认为这个方法更偏重于心理学而非项目管理学，那说明你还没有掌握项目管理的艺术和技巧。你应该时刻注意团队中存在的问题，包括沟通问题。如果你有工科背景，请拿出你的科学求知欲来调查为什么会出现沟通问题。

10.5 小结

项目出现问题总是归因于沟通不畅，但如果只是发现问题而不采取正确的行动，那么沟通问题很可能会反过来影响你项目的进展。本章讨论了沟通对象和出现沟通问题的原因。请注意，你项目中出现的每个问题都是你的问题，务必重视团队的沟通问题。最后，我们分享了简单的沟通技巧，希望对读者有所帮助。

10.6 本章习题

10.6.1 讨论

1. 什么样的环境有利于良好的沟通？项目经理如何建立沟通文化？

2. 如果员工认为项目经理听到不利的消息会责备他们，他们还会告诉项目经理这个消息吗？

3. 你的团队中有两个人出现矛盾。你了解情况后觉得两个人不适宜再继续合作，你如何能够委婉地帮助他们呢？

10.6.2 书面作业

1. 描述螺旋向下的沟通方式。

2. 如果你和运输部门的经理不和，而你的团队需要他的帮助，你应该怎么做？

3. 举例说明主动倾听对你的项目的益处。

第 11 章　挣值管理

在此前的章节中，我们讨论了挣值管理（EVM）的价值和应用。为使项目进度管理（事实上就是进展测量）更具定量化，采用挣值管理是最常用的手段。

多年前，一种简单的项目管理技术是对应计划支出跟踪项目的实际支出。如果你按照计划支出，则视为已取得必要的进展。结合监测的支出情况，项目经理还会监测项目进度。如果你符合项目的进度要求，则视为你的成本是在按照进度支出。高效的项目经理必然会同时确保支出情况及进度进展情况都与计划相符。

挣值管理将上述两种分析相结合。挣值管理首先有一个详细的计划并有明确定义的任务。每项任务都有预计投入。在很多项目中，这些任务可作为工作结构分解的一部分。每项任务的预计投入一般会在项目投标阶段就确定下来。

11.1　挣值管理理论的应用

现在，你有一张待完成任务的列表，表中包含这些任务的时间节点和预计成本（正如之前提到的，为每项任务分配一个负责人是一个很好的做法，可以是你团队中的一员或是分项目的负责人）。图 11.1 给出了此类计划的简单说明。

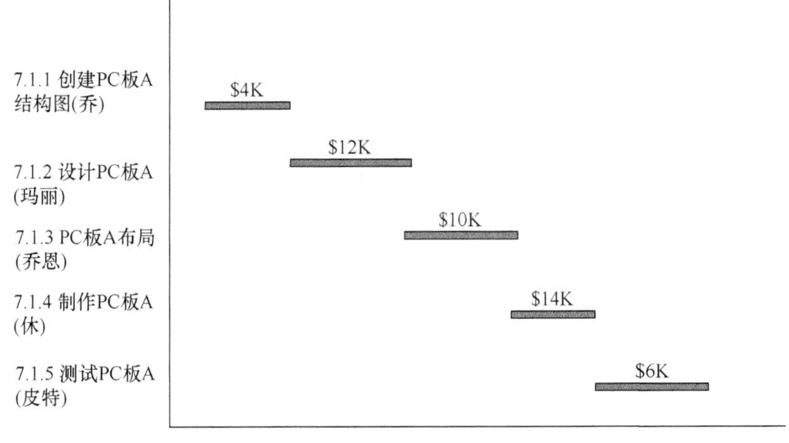

图 11.1　挣值管理的计划进度

该图显示出设计 PC 板 A 的必要步骤，在计划中属于工作分解结构 7.1。需要注意的是，每项任务均被赋予一个计划值(PV)。计划值由每名团队成员每小时的成本乘以完成任务所需的时长得到(当估计项目计划值时，每个科目可采用平均成本来计算。但是，在大多数的会计系统中，使用的是个人实际的成本。因此，如果个人的成本高于平均成本，那么项目成本也要高于计划值)。整个项目的计划值就是＄4K+＄12K+＄10K+＄14K+＄6K=＄46K。

需要注意的是，有些任务可以在前一任务尚未结束时启动。当乔在编制结构图时，玛丽可以开始选择零件。当玛丽在开展设计时，乔恩可以针对 PC 板布局研制零件模型。在设计尚未完工前，休无法制造主板，但可以预定零部件。当主板造出来后，皮特可以设置测试区域。任务的这种交叠的特性，有助于压缩进度和节约成本，但也增加了挣值分析工作的复杂性。执行中的任务可能会受到公司惯用进程、进度复杂性和任务结构本质，以及项目经理喜好等因素的影响，因此其任务进展可能不够准确。对部分完成的任务进行预估是武断的做法，并可能产生误导。这也就是很多从业者只对已完成的任务进行分析的原因。

大多数公司会以每个月的任务完成情况为基础开展挣值计算。图 11.2 中给出要达到节点 A 的实际性能所需的进度安排，这是一个执行月度评审的项目。利用这个案例，我们将对各种挣值参数进行说明。

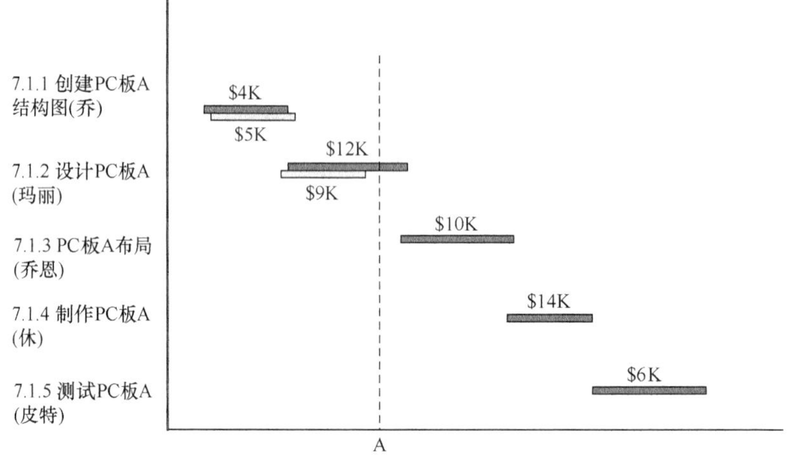

图 11.2　在 A 点的挣值管理进程

计划值(PV)基本上与完工预算(BAC)相同。主要的差别在于由于管理层的原因，完工预算可能会有减少，其中一部分归因于管理储备。为了简化案例，我们假设二者相等(例如，管理储备=0)。

按照这一观点，计划值等于 PC 板创建成本(4K)加上大约 80%的设计成本(12×0.8=9.6K)，总值为 13.6K。

AC——实际成本

由于两项任务均告完成，AC 值为简单的加和，即 5K+9K=14K

EV——挣值

挣值是已完成的工作的价值，无须考虑实际成本。在本案例中，挣值为 4K+12K 或 16K。

利用这些数据，我们可以计算一个最重要的挣值管理值，即费用绩效指数。

CPI——费用绩效指数

费用绩效指数是一个比值，对应的是工作计划值除以工作的实际成本。在本案例中，

$$CPI=EV/AC=16/14=1.14$$

很明显，CPI 大于 1 的情况很好，它意味着你用更少的经费实现了计划值。

挣值管理还可针对周期来测量性能。具体方法是将周期内实际完成的工作量与计划完成的工作量作比较，你可以计算得到进度绩效指数。

$$SPI=EV/PV$$

在本案例中，先前两项任务已经完成(EV=16)，在指定的周期内计划完成任务 1(4K)和 80%的任务 2(12K×0.8=9.6K)

$$SPI=16/9.6=1.67$$

非常好！你的进度绩效指数已经大于 1，因此在指定时间内，你完成的工作量要超过计划的工作量。

回到正义，这意味着先前两项任务执行地非常好。事实上，由于完成工作所需的成本低于计划值，你已经保有一定的余量。这是正的成本偏差(CV)：

$$CV=EV-AC=(4+12)-(5+9)=2K$$

你还可以得到一个正的进度差额(SV)：

$$SV=EV-PV=16-[4+(12\times 0.8)]=16-13.6=2.4$$

需要注意的是，2K 的成本偏差是真正的结余，可用于抵消任何可能出现的其他负成本。正的进度差额也是一个好的结果，当然受其他因素的影响，可能无助于改善整个进度。例如，如果乔恩直到计划时间才能准备好开始 PC 板的工作，那么你的进度差额就损失掉了。或者，如果这个工作分解结构部分不在关键路径上，那么也就无所谓净时间结余了。

回到工作进程图，可找到你的下一个案例点。参看图 11.3，计算得到下一个时间的挣值，我们处于节点 B 的位置。

计划值(PV)为

$$4+12+10+14+6=46$$

挣值(由于 PC 板测试——任务 5 尚未完成)为

$$4+12+10+14+X$$

其中,X 是最后一个任务的挣值。

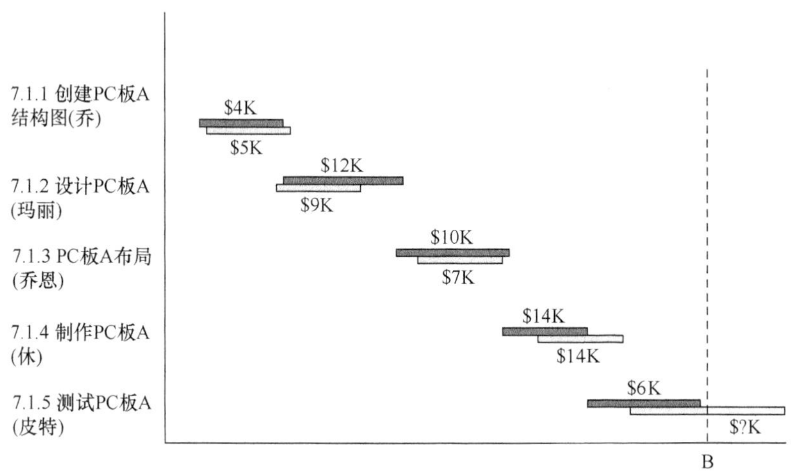

图 11.3 在 B 点的挣值管理进程

为对 B 点的情况进行分析,必须对 X 进行估计。由于任务 5 尚未完成,很难确定取何值。与工程师们交流可能给你提供一些信息,但始终会有争论直至谜底揭晓为止,你真的不知道这段时间会有多长。但是,出于计算挣值的目的,我们做一个假设:

假设任务 5 完成 90%(这一点的计划值值为 6K),计算:

$$EV=4+12+10+14+(6\times0.9)=45.4K$$

$$AC=5+9+7+14+(\text{实际任务 5 的支出}=4K)=39K$$

所以,费用绩效指数为

$$CPI=EV/AC=45.4K/39K=1.16$$

这个结果是有利的。你几乎完成工作分解结构 7.1,你会得到一个有利的费用绩效指数。让我们看看进度绩效指数的结果:

$$SPI=EV/PV=45.4/46=0.987$$

进度绩效指数小于 1,这意味着你落后了;当然,从进度上可以很清楚地看出来。但是,你不清楚的是你究竟落后了多少。进度绩效指数无助于预测未来。事实上,一个项目可能即便有一个积极的进度绩效指数,但是仍然存在进度问题。为什么会这样呢?很简单,因为进度绩效指数测量的是综合进度,但是不会分析进度中的关键路径。关键路径是一组任务,在整个进度内,这些任务前后相承,互相依赖，会形成最长的一组任务。由此可以看出，提前完成一些任务，即便会得到极好的进度绩效指数，但是如果它们不在关键路径上，也不会直接影响整个项目完成的时间。

在B点，你可能想计算这个项目的成本。你可以得到成本偏差值，看有多少盈利：

$$CV=EV-AC=45.4-39=6.4K$$

这样，你在银行中就有了6.4K，如果你能以6K的标准成本完成任务5，加上结余的6.4K，总数约为12K，从成本的角度来说，你的结果是比较好的。

接下来要看任务最终完成后的结果。见图11.4，需注意的是，任务5花费了20K，其成本是计划值的3倍。这种情况无疑会对你的成本和进度产生负面影响。

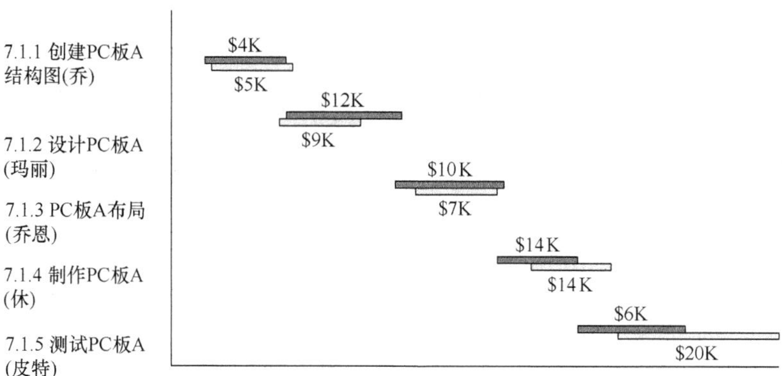

图11.4 挣值管理——完成工作分解结构7.1任务

$$CPI=EV/AC=(4+12+10+14+6)/(5+9+7+14+20)=46K/55K=0.84$$

因为费用绩效指数小于1，这个结果对你无益。

进度绩效指数的结果为

$$SPI=EV/PV=1$$

进度绩效指数的结果显示你完成了任务！(但不是按计划完成的)因为你的费用绩效指数小于1，所以会得到一个负的成本偏差：

$$CV=EV-AC=46-55=-9K$$

这意味着与计划相比，你要多支出9K来完成工作分解结构的这部分工作。

现在考虑如果你运行项目，你认为应该采取什么样的流程。首先，在首个样例点——点A，你应该感到非常自信。如果项目能够继续按照这样的态势执行，你可能会提前以较低的成本完成这项任务。但是在样例点B时，事态开始变坏。尽管费用绩效指数很好，但进度绩效指数小于1，意味着开始出现麻烦。不过，进度绩效指数仍然接近1，所以你不需要过于惊慌。

11.2 睿智地应用挣值理论

挣值理论包含预测技术，可应用当前的性能预测项目的实际完成情况。这种技术称为完成绩效指数(TCPI)。完成绩效指数可按以下公式计算：

$$TCPI=(PV-EV)/(PV-AC)$$

从以上公式可以看出，如果你的分母项小于分子项，则完成绩效指数大于1。如果能将完成绩效指数调整为1，那么将满足你的计划值(PV)值或预算成本。当然，这意味着实际成本和挣值相等。但是由该式可知，为实现成本目标，实际成本必须比挣值高。

就预测而言，基本上所有能为你提供的挣值分析都是使用过去的性能来预测未来的性能(因为这种方式经常会产生误导，所以需要给投资者以提议，“过去的性能并不代表未来的性能”——因为它们只能告诉你过去同一时刻的性能是什么样)。

尽管可能不可取，但是你可以通过下式计算得到你希望的最终值：

$$EAC=PV/CPI$$

EAC是完工估算，可利用计划值(PV)除以当前的费用绩效指数计算得到。

这就像是说，“我希望事态能像当前一样继续保持下去”。这是一种简化的分析方案。你的项目是由需要各种人完成的不同类型的任务组成的。事实上，唯一共同的主线可能是这些任务都要由一个人来引导(或监管)。所以，作为影响成本偏差的最重要的因素，如果你的项目团队对投标非常乐观，那么这种计算可能有些效果。但是，一般来说，预测未来可能是一项无益的工作，因为它们很可能形成误导。

确定实际进程的最有效方法是与此项工作的负责人沟通。将这种对话正规化，可生成新的完工估算值。按照这种方式，你需要向每个负责经理询问各项工作和将产生的工作分解结构部分，进而预测他们需要增加多少经费才能完成任务。如果与计划相比，他们需要更多的时间和经费，这时就需要你做出决策判断了。他们是过于谨慎还是说他们在提醒你存在严重问题呢？了解这两者的区别，采取相应的对策十分重要，可能包括要提醒经理们有责任寻找途径满足原定计划，发放部分储备金或在其他方面提供经费支持。但是，在平和的环境下进行开放式的沟通，始终是最大限度提升项目成功完成率的关键。

最后得出费用绩效指数为负值，但是此时才知道这一结果对你毫无益处。这里选择的案例不仅是要解释挣值分析的用途，而且还显示它可能存在误导。其中，任务5的时间超出预期明显是个问题。原因可以归结为以下三个方面，或可能由三个方面的原因共同导致：

(1) 对任务 5 的估计是错误的,过于乐观;

(2) 皮特的能力不佳;

(3) 事态超出你的认知范围或皮特的控制(例如,电路板上有一个边际运算放大器,它所处的电路位置很难找到)。

一般来说,当此类事情发生后,人们可能会猜是第二个原因造成的。实际上,根据作者的经验,这是最不可能的原因。

作者的另一条经验是,密切关注这些数字既不可能预测事态会如何发展,也不会告诉你存在什么问题。一位高效的项目经理将以这些数字为指导,通过与负责此项工作的人交流,获得大量的信息来确定项目进程。在我们的案例中,当项目在B点评估挣值之前,项目经理应该已经注意到任务 5 发生时间推迟的情况了。在与皮特快速沟通后,可以了解这种情况是如何发生的。皮特能够更好地估计完成任务 5 所需的时间。更为重要的是,通过与皮特交流,项目经理可以提供帮助——皮特需要一些技术咨询吗,需要一个更好的示波器吗?数字不会告诉你需要什么,但是通过与皮特交流,你可以获取需要的信息,并了解一些有助于改善项目进程的情况。

11.3 小结

挣值管理是一个重要的工具,已得到广泛应用,因此你必须了解它。与此同时,也不要忽视它的局限性。你所监测的工作越易于预测,工具的效果越好——例如,一些电器设备第十批次生产之类的工作。但是,对于设计和研发来说,在投标阶段如果过于依赖任务估计,即很大程度上依赖挣值管理,是很有风险的。特别是对于那些设计和研发项目,没有任何工具可以替代与从事具体工作的人经常性地、自由地开展讨论。总而言之要记住,挣值管理是一个指示器,而不是控制器。

11.4 本章习题

11.4.1 讨论

1. 讨论一下采用挣值管理作为你检测进程的主要方法存在哪些风险。这些风险如何减免?

2. 有些人可能认为挣值管理技术能够控制成本,但是你更聪明,所以请描述基于挣值管理分析,你可能采用的一些实际的控制方法。

11.4.2　书面作业

1. 用你自己的话，简要描述挣值管理如何工作。

2. 通过实际估计任务内容，请描述一个好的进度对于挣值管理是何等的重要？不要说非常重要之类的话，请阐明原因。

3. 当应用挣值方法时，哪些合同是最好的和最差的？原因是什么？

11.4.3　小组项目

本章采用一个简单的项目来检验挣值方案。请开发一个你自己的项目，如果可能的话，请采用一个与你公司的产品和进程贴近的案例。

第12章 谈 判

当下，很多书都在介绍如何进行谈判，但想要在一个章节囊括所有谈判相关问题似乎很难实现。但在广阔的“谈判”领域中，作为项目经理执行、指导和参与的谈判具有一定的代表性。

普通的谈判和项目经理所参与的谈判，其最大差异就是谈判的内容。如果你正在买一辆小汽车，你和汽车经销商的关系是不重要的。你和汽车经销商没有任何关系，双方也不打算建立某种关系。如果你想再买一辆车，经销商当然希望你再次回到他或她这里来买，但是你们都知道这件事不会在近期发生。因此，过去的关系无法成为你未来谈判的基础，无须在今后维持该关系。

作为一名项目经理，实际情况往往恰恰相反。你大部分的谈判工作是在已经拥有的或正在构建的协作关系网中进行。而且谈判对象大多并不是你的客户。事实上，你的一天会充斥着各种各样的谈判，而且通常的谈判对象还是你工作上几乎每天都要接触的同事。实际上，许多简单的事务处理也是协商。有时候，通过这些协商可获得至关重要或策略上的进展。对于项目经理和其他人，当研究什么对项目有益处时，便有机会得到他想要的或项目所需要的，甚至有机会加深与项目协作单位的信任、强化与项目协作单位的关系。

项目经理和谁谈判，为什么称之为谈判，可以通过以下的 些实例进行说明，但事实上其中的一些事务处理应称之为协商。

12.1 合同谈判

通常，如果你所在的公司是某种产品的独家供货商，那么你的用户会认为你的竞标价格过高。你与用户的大部分谈判将会基于联邦采办条例。在这些条例中，行为要符合道德准则，甚至是受到法律的管控。你对工作的预算必须是最新的、完整的和精确的。你不能为了在谈判中压缩对方议价的空间而夸大工作难度，而你的用户也不能有意地贬低某项工作以便压价。你更不能说谎，尽管通常在谈判中仅有部分言语是真实的。当然，所谓预算其实是对工作量的体现，因而双方的意见很可能不一致。你的功课做得越好，你的报价将越精确与合理、谈判就会朝着越有利于你的方向发展。通常，如果你和你的团队在投标前已经开展了大量的研究工作，那么你将具有较大的优势。而你的用户通常花费非常少的精力来制定他或她所期望的价格。由于报价的方法通常是公开的，因此告诉用户你是如何制定价格的，并要求他或她依此方法自行计算价格。你通常不必说得很直白，可以用得体的方式说出一些事情，如“如果我们花费了 300 小时准备我们的预算，而您仅花了几小时，那么我们觉得或许通过我们的方法计算的预算更加精确。”记住，这里需要强调你和用户均需要遵守的准则，即预算是公平且诚实可信的。由于预算真实可信，所以你与用户之间关于预算产生的分歧只能是一方工作的失误所致。如果你能有一个团队来进行预算分析，而用户却只有一个人做这项工作的话，那么理论上你的预算应该会更准确。

用户在谈判中一般处于主导地位，并且在很大程度上谈判的主动权也掌握在用户手中。促成协议达成的一个方法是讨论多个任务，并研究双方关注点。假定有 8 个子任务，并且你和用户分别都对这 8 个子任务进行了预算分析，那么谈判可沿着以下思路进行：

任务 1——你和用户讨论各自预算的制定方法，并注意你们之间的差异。

任务 2——与任务 1 相同。

任务 3——用户称，“我们双方对预算的计算结果几乎是一致的，可以略过它。”

任务 4——与任务 3 相同。

任务 5——与任务 1 相同。

任务 6——与任务 3 相同。（可以）

任务 7——与任务 3 相同。

任务 8——与任务 1 相同。

随后，用户希望你做些工作来分析、解决任务 1、2、5 和 8 中你和用户之间的差异问题。表面看那似乎是合理的。根据用户的谈判策略，下一步是如何解决这些差异，然后结束谈判。但你是否真的了解发生了什么？用户其实并不想谈论任务 3、4、6 和 7。因为在这几个任务中**你的预算是低于他们的**！如果你仅完成用户想要进行谈判的任务，那么你已经被击败了。你应该直接要求讨论他们不想涉及的那些任务的预算，并表明你的意愿，随后接受用户对那些任务的预算评估，但仅限于预算比较低的任务。当你在谈判时，需要记住的是用户所要达成的协议是对其有利的协议。不要犹豫，讨论那些用户明显愿意接受的条款。

如果纯粹是一个价格的谈判，那么双方达成一致是非常困难的。但庆幸的是，谈判中可能存在其他因素促成谈判的最终实现。用户的一些要求可能导致价格攀升，但对于用户而言这些要求并不是最重要的。因此，拿掉这些要求以及要求所造成的成本攀升，双方便可朝达成协议迈出一大步。此外，调整进度既能使其符合你公司的资源调配，而且还能使用户帮助你降低成本，从而降低报价。

谈判涉及的范围越广，你越容易了解哪些东西对你非常重要，而哪些才是用户看重的方面。以广泛合作的方式寻找到这些事情，是解决这些问题非常有效的双赢途径。

谈判时，经常考虑的是要达到双赢。如果你正在同用户商谈一项多年期的合同，那么你们双方应尽可能从一开始便表现出积极的诚意。了解彼此的状况是非常关键的。总的来说，对你的用户公开透明是获得他或她对你公开透明最好的方法。公开、坦诚地商讨是获得双赢最好的方法。

12.2　用户谈判

当你与用户在价格和范围上达成一致时，便可以签订合同了。正式的谈判可认定就此结束，但是非正式的、频繁的协商才刚刚开始。当合同执行期间，有些事情是你想要的（如更快的审批流程），而有些事情是用户想要的（如拷贝由你方提供的相关图纸）。我的建议就是给予用户任何你能提供的，但又不是过于困难或昂贵的东西。避免针锋相对的事情发生，例如说出“如果你这样做了，我将会那样做”等话语。对于你而言，更有效地为用户提供帮助，便可期望获得相同的回报。通过告知用户你的计划，能够尽可能地提升与用户合作的效率。如果你和用户均乐于彼此互相帮助，那么谈判会非常成功，你们也更容易建立合作关系，成功签约。

谈判之初，谈判的目标应该同时满足你和用户的需求。你越是足智多谋并且富有创造性，你们双方就越可能在这些日常的“谈判”中共同取得成功。

12.3　有关工作预算的内部谈判

作为项目经理，你的第一次内部谈判可能就是同职能经理讨论你的标书。该标书是基于职能经理提供的预算。出于盈利的目的，每位职能经理都将提高自己的工作预算。尽管这是不对的，但却时常发生。职能经理知道这么做可能会出问题，并且知道不宜将预算报得过高。如果每位职能经理在他们的预算中均有一点虚高，那么你的标书中的预算便会高出许多。如果该预算虚高到能够使每位职能经理都满意，那么你的预算将无法得到用户的认同，获得合同。因此，你有理由不将预算全权委托给职能经理，并且审核职能经理的预算也是非常重要的。

预算制定期间，职能经理期望的利润越高，其提供的预算也越高。因此，你必须提前告之职能经理，在合同执行期间，你期望如何同他们一起工作。如果他们认为你将严格地“执行”他们的经费拨款，那么当他们报价时自然将变得很保守。为了使他们能正确地提供报价，你必须使他们认识到你将同他们一起工作，并共同面对项目中的任何问题。这里，处理预算超支问题的经历将对你十分有用。如果你为难或指责职能经理，那么可以预料你将面临艰难的谈判，也不可能实现双赢。另一方面，如果最后职能经理的花费要超出规定的范围，你可帮她脱离困境，并将成本控制在已确定的范围内，那么她将不会受到达成一致目标的威胁。这将建立相互信任的合作关系，而这种关系将是通向成功的最佳途径。

正如与用户的谈判一样，同职能经理的谈判也是先进行正式的初步谈判，随后是一系列非正式的协商。这些协作关系是非常重要的。因为这些协作关系将是你同职能经理共同开展工作的基础。

在完成上述的合同谈判后，与职能经理的协商还将继续，你很可能不得不在报价上妥协，从而使双方达成一致。在某些情况下，报价的达成只与某项特定任务有关，但是在大多数情况下，是与多种任务相关，无法分割。例如，你的设计时间可能被压缩5%。每位职能经理均期望你可以拨发给他所申请的全部预算，虽然我认为这有些可笑。大多数经验丰富的估算人员都知道，谈判将面临众多分歧，以及由于你需要留出管理准备金而要面临的许多质询。许多实例证明，作为项目经理，你需要拥有(或被要求拥有)准备金。考虑到项目的风险，准备金将用于找补费用。然而，对于准备金的发放，你必须非常谨慎。否则它们将很快被用光。如果项目没有预留出风险准备金，那么只能通过压缩职能经理的预算来创建该准备金啦。

准备金的创建又为项目经理和职能经理实现双赢的目标提供了机会，职能经理最初只想着获得他申请的全额预算，却忽略了储备金的重要作用。其实储备金关乎所有人的利益，可用于项目的任何方面。就像你与用户的谈判一样，你和职能经理的谈判也希望获得双赢，毕竟你们将一起共同工作数年。

有经验的项目经理和职能经理都知道，事实上，事情精确地按照计划执行的概率几乎是零。随之而来的便是项目的规模问题，或是增大，或是缩小。系统工程经理的报价工作可能是由一名电气工程师完成。但最佳的状况是：职能经理尽全力使其工作以最低的成本、最高的效率执行，而你掌握该情况并确信他或她能够做到。尽管你可能在项目评审时说，“玛丽(电气工程师经理)，你的项目超预算了，需要把事情安排得更加稳妥些”。当然，有经验的项目经理是不会那样说的。但玛丽应该知道你这样说是想帮助她控制预算，而不是等着到最后看她的笑话。因此，在基于协作关系中的谈判，营造互信是最好的合作氛围。

12.4 保障组谈判

很可能你的项目并非是一个自成体系的项目，也有可能你和其他机构聘请的是同一位财务分析师、合同管理人、计划员。有时候，你可能还需要IT工程师，包装与船运服务、安全、复制、开汇票等。这些人忠实地服务于他们的职能经理和公司,但并非专属于你的项目。在良好的计划下,你能够把这些人分配到他们各自的组织机构中,并给予他们大量的时间去做他们的工作。然而,我从不知道哪个项目拥有这样的合作,并且每件事情都运行的如此顺利。因此,很可能你必须要求这些同事中的一部分人专注于你的项目,并提供快速解决方案。你如何能够做到这一点,并且你的记录和信誉将会影响到你能得到多少帮助。满足这些人的部分要求,将是获得帮助的一个很有效的途径。“嗨,比尔,如果我现在把工作报告授权给你,你今天能指挥他们工作吗?”(此前,如果比尔要求你帮助他做些事情,你可能会说太忙了。那么,我们可以打赌,这时候比尔也将以太忙来回答你)。你不知道什么时候需要他人的帮助,帮助通常是合作和友好的。我曾经看到过“威吓”和“命令”的方法,但那些方法均不起作用。如果你对他人友善,那么人们便愿意帮助你。因此你应该经常帮助他人。

12.5 供应商谈判

采购部门的大部分时间是在与供应商进行谈判,除非出现技术或进度问题。这是因为在国防部采办中有严格的管理制度,以确保材料采购的公平。由于采购人员知道这些规则,而你并不知道,因此你必须依靠他们进行绝大部分的谈判。工程经理或项目经理也许会参与价格目标的制定,但除价格外,与供应商的谈判如同你与用户的谈判一样,还需要研究其他问题。当然,最主要就是交付问题。你能接受部分交付吗?你能放弃采购的源头检查吗?你能提供技术支持吗?就像你之前负责的谈判一样,努力实现双赢。

12.6 分承包商谈判

即使许多组织机构都已拥有独立的分包商管理部门,但根据分包合同的内容不同,作为项目经理,你可能在这个过程中扮演很重要的角色。是自己干,还是分包出去,或是通过引入分包商是否可以缓解大部分工程压力?这些问题都需要你组织内部讨论来解决。或许有的职能经理由于某些原因不希望你将机械工程这类工作转包出去,那么这种内部讨论就变成了谈判。你需要同职能经理维持一个良好的协作关系,这样便可以听取他或她所关注的事务并能够解决问题。当然,你也可以向他们施加压力以获得你想得到的结果。但是什么是你真正想得到的呢?其实你最想得到的是项目取得圆满成功。对于项目的成功,职能经理可能扮演促成者的角色,也可能起到负面作用。当然,迁就他人并不意味着你放弃自己的权利,但是通过彰显权利满足个人的自我价值感的做法通常都是不值得推荐的。

一旦内部谈判结束，并决定要将机械工程项目分包出去。作为项目经理，你将成为决策组成员之一，参与分包商的选定。在哪里执行工作、每小时的报酬是多少、你负责的工作范围是什么(或是需要你的批准和签字)都需要明确。签字权是你权力最直接的体现。但需要再次强调的是，使用权力需要非常谨慎。

12.7 小结

你与合作方进行的所有谈判均需要构建紧密的合作关系，至少外围要建立这种关系。你需要同合作方合作，帮助他们将会使你们的项目最终获得成功，因此谈判最好能够达到双赢的目标。告诉与你谈判的人，你的目的是找出双方都能接受的解决方案。通过确定谈判内容，发挥项目经理的创造性，便可增加谈判成功的概率。本书不讨论那些不知道如何在谈判中取得双赢的方法的人。大多数人，即使是对这种谈判没有经验的人们也能快速掌握该方法。但是，在谈判中不可避免还是有些人想欺骗你，或是赚你的钱。在这种情况下，我建议找到一种同这些人(或许是他们的经理或同事)一起工作的方法。纵然他们试图欺骗你，而你也足够聪明识破这种骗局，但也要控制不要以彼之道还施彼身。因为到最后你很可能还是要和他一起工作，这将使你们的合作变得非常困难。常记双赢，不忘初心。

12.8 本章习题

12.8.1 讨论

1. 在合同谈判中，你如何充分利用你和你的团队在估算该项工作中所做出的巨大努力?

2. 在谈判中采用针锋相对的方式，还是相互帮助的方式(你在任何时候都尽力执行)，这取决于你的客户的类型。对这 2 种谈判方式进行解释和讨论。

3. 谈判后向职能部门分配预算时，什么状况下，职能经理可能提出质疑，你是如何造成这种状况发生的?

4. 是否可以通过你对项目成员的态度来判定你的个人能力的强弱? 在某些情况下，采用命令的方式是否可以取得更好的效果?

5. 关于选定分包商，需要你签字后才能决定，这充分显示了你的权力。描述一些情形，行使权力可带来正面结果，而在另一些情形下，行使权力将带来负面的结果。

12.8.2 书面作业

1. 关于以下状况,讨论现在和未来的合作关系的重要性。

(a) 你正在买一辆车。

(b) 关于一个长期的合同,用户和你在规模和范围上产生分歧。

(c) 电气工程职能经理想要“借”一名你项目的工程师。

(d) 你的合同管理员认为:在用户的支持下,你的规范说明制定得过于宽泛。

(e) 你的行政助理认为对格式不合格的系统工程师报告重新录入并非他的本职工作。

2. 如果正在进行 8 个截然不同的谈判任务(预算已经完成),描述你的用户有意或无意可能采取的欺骗行为,而关于这些欺骗你又能做什么?

第13章 培养与指导

每个项目经理的职责，实际上也是每个领导应尽的职责，就是要让每个与其合作的人都能把工作做到最好。与项目经理的私心无关，引导出整个项目团队成员的最佳表现是项目经理对团队和项目应尽的职责。当然，项目经理的主要职责是对其项目成员负责。但如果放宽视野，你的职责范围将包括那些能够影响你项目的人。更进一步的话，这些人还包括那些影响你所在组织成功与否的人。

13.1 认识培养与指导的作用

需要指出的是，成功的项目经理能迅速提升领袖经验进而获得影响力；项目经理的最大资本是影响力而不是权利。项目经理与项目中的上层管理人员、年轻工程师、装配员、技术员、行政助理、职能经理，以及最重要的客户之间会形成互动。在一个组织中，没有其他的职位有如此广泛的互动性和影响力。

因此你会猜想成功的项目经理是否有特别的方式来调动项目成员去做事，实际上确实有这样的方式。

培养他人拥有这种技能是领导职责的一部分，这对于你项目的成功非常重要。若电气工程职能经理让项目中的电气工程师们丧失信心，那么遭受痛苦的将是你，当然也包括你的团队成员。培养与指导同级别甚至更高级的经理需要大量细致的技巧，否则你是在给自己树敌。人们不喜欢被告知他们做错了或他们要有所改进。

这是我个人在试图进行“指导”时的一个失败案例。我儿子在高中上数学火箭班，他同时也是合唱团成员。有一天他不得不因为演出而错过一天的数学课，他从一个同学那得知了家庭作业并且负责任地写完了。但同学忘了告诉他还有3个公式要记。当第二天上课时，儿子在关于那3个公式的课堂测试中拿了0分。我的妻子出于母性保护的本能(这是地球上最强大的力量之一!)以及强烈的正义感和研究精神，查看了学生手册，发现若学生缺几天课，就有相同天数的补习时间。所以我儿子就应该在测试前有整整一天的时间来补习！(别着急，我马上就开始讲述该故事的“指导”部分。)我的妻子安排我们俩和“可怕的琼斯小姐”(她在几周前的学校开放日上就是这么自我介绍的)会面。但不巧的是，我的妻子在日程安排上有冲突，因此，只剩我一个人去见琼斯小姐。

(图 13.1 是我印象中的“可怕的琼斯小姐”。)我们用了几分钟时间查看我儿子的数学分数,除了在这个问题上得了 0 分之外其他都为优秀。这次见面紧张而诚恳。我随后讲述了关于应该取消我儿子 0 分记录的想法,因为我儿子没有得到按照学生手册上描述的 1 天补习时间。毕竟作为工程师的我,阅读和遵守规定是我的习惯。而琼斯小姐不这样认为,她说:“那些合唱队的学生总是因为各种各样的活动请假。数学课非常重要,它不应当排在其他活动的后面。”虽然我尊重她对所教课程的热情,但是我说:“我承认数学这科很重要,但是学生手册的规定也适用于我儿子的这种情况。”琼斯小姐说:“我已经这样教数学 30 年了,我不知道为什么要现在改。”幸运的是,我们正在研究持续提升工作的概念,包括我们是怎样按惯例做事以及我们怎样才能改变从而得到提升。受我满脑持续改进热情的驱使,我告诉琼斯小姐,“你都已经这样教了 30 年数学了,难道你不觉得现在是时候改变了吗?”令我惊讶的是,她并没有积极接纳我富有建设性的意见。事实上她跳了起来,我意识到我们的谈话结束了。

图 13.1 可怕的琼斯小姐(如同我看见的她的样子)

所以在这次“指导”的尝试中,我失败了。回想起来,我本可以做得更好,这成了我的一次教训。我意识到在紧张的局面中,没有相互信任和尊重,达到成功的指导的概率基本为零(跟我儿子得的 0 分的情形类似)。要想成功进行指导,你需要观众愿意听你说。

在这个故事的结尾,我儿子小测试还是得了 0 分,但实际上影响不大,我儿子在这门课得了 A。在这次的“会面”后,我应该提一下我去见数学部的那个负责人时有多么尴尬,那是一个很好、很聪明、很开明的人。我告诉他我与琼斯小姐间的谈话,并请他他对于这件我认为重要的事评理(虽然我们都知道象征意义大于实际意义)。他说,“噢,我们数学部的人都怕琼斯小姐啊。”这就是他明智的地方。这次对我而言是另一次指导的机会!(可是太迟了!)当我回到家,我非常感谢我妻子让我在连一个安全帽都没有的情况下,和琼斯小姐讨论我儿子的数学成绩。

13.2 培养与指导的时机

当然很多人都意识到他们可以从多种渠道提升自己，并愿意接受指导，起码他们自己是这么认为的——但其实在内心深处并不是如此乐意。又或者至少他们认为自己在需要帮助时是会讲出来的。当然，在这种情形下指导的绝佳机会就出现了，但是通常需要帮助只是战术层面的问题。你可能会看见其根本原因是领导力缺失，但需要帮助的人可能根本不是这么想的。人们往往更容易针对机械式或非人际的技巧寻求帮助。例如在学习新软件的过程中，许多人会从之前使用过它的同事那里寻求帮助。但是让人惊讶的是还是有许多人需要花费大量时间才能让自己意识到这一点。这时，项目经理表现得谦逊一点就是一种很好的示范："若查理对求助不感到尴尬，那么求助可能是一种好的做法。"偶尔也会有人问，"你认为我应如何处理麦克的拖延症?"或"我们应该告诉莉斯要写得更简明点吗?"但指导的机会往往来自于当人们说"我们应该告诉莉斯要写得简明点"之类的话时。遇到这种建议时是引入指导讨论的好机会，比如你可以通过"是的，好主意，你认为我们要如何完成?"来进入指导过程。

根据莉斯的个性，若欧文直接严肃地走过去告诉她"你应该写得简明点。"那她可能会理解为"我觉得你写得很差。"当人的情绪受伤，治愈的时间可能需要很多年，在此期间如果欧文和莉斯需要一起工作，你的项目就有的受了。通常来说，若你对欧文做好指导没有信心，那你就最好自己来做这种"脏活"。欧文就会如释重负，甚至可能对你如何做这件事很感兴趣。这就是一个指导的好机会!

上述这种巧妙的指导就是一种你提升技巧的好工具之一。最巧妙的指导技巧之一就是用案例说话，但这种方法又时常被人忽视。你可以通过着重强调你做了什么、没做什么来提升案例的有效性。"我考虑在项目评审中当着系统工程经理汤姆的面抱怨其系统工程报告。但我考虑再三后还是去汤姆的办公室找他。我认为他对这种方式更能接受;没人想要为自己树敌!"

另一个极其有效的办法就是告诉他人你有多欣赏另一个人做事的方式，如"你知道的，鲍勃，我从未听见布莱恩负面评价别人。如果他碰到一个问题，他会直接处理，并照顾他人感情。这也是他成为一个好的职能经理的原因。"鲍勃能接收到话中的两层意思:首先你欣赏非负面的评价;其次你觉得问题需要直接处理，并照顾他人感情。

这种方式的另一个好处是提升了布莱恩对鲍勃的影响力。现在鲍勃会认为布莱恩是得力的，并且是布莱恩的表现使鲍勃有此看法。增加得力员工的影响力可使他们更加得力。通常在这种时候指导才能收到最好的效果——而并不是等到鲍勃在背后给同事负面评价之后。你在指导时需要打消对方的防范意识。若你气势汹汹导致对方防范心理提高，传递的信息就不会被重视。

当然这种通过提及他人的良好表现达到指导效果的情况有一种前提，即鲍勃首先要对你有尊重感。若他不尊重你的意见，你的指导就无意义。

这里有我的一次被指导的例子。我那时是比较年轻的项目经理，一个同事告诉我“查理，你知道你哪里出问题了吗？你就是太善良。”我当时对他说了“谢谢”，因为他至少说了我“太善良”。我敢肯定同事的意见是建设性的，但他的表达方式还有改进空间，如“你知道你哪里出问题了吗？”是很强势的开场白。而实际上“太善良”这个评价是与我自己的动机信念体系相对立的。人们总是用动机强烈的技巧来影响他人。我“很善良”是因为当别人态度很好地找我做某事时，我会很乐意去做。你要知道，大部分与你共事的人都是如此的。我同事的评论更像老学校——胁迫这种管理手段在长久的能力提升实践中被证明是完全无效的。谢天谢地，如今这种手段已经成为过去时。越来越多的“传统”组织正着手消除社会和文化中的胁迫性。为了不造成太多心理影响，胁迫即使在家长养育小孩时(喊叫、打屁股、贬低)也过时了。在没有父母胁迫的环境下成长的孩子自然也不会对胁迫有回应。从人口统计上来说，随着在不受胁迫的环境下成长的劳动力越来越多，无效的胁迫方式也会被逐步淘汰。

因此，这种“指导”(“你太善良”)太过强势，并且其内容也不正确。这是两个失误的地方，对这个例子来说第三种失误可能更有意义：因为我对同事的激励性技巧不尊重，我没过多理会。指导也就没有成功；我依然“很善良”。实际上，我把“太善良”这句批评看做称赞——对于你不尊重的那些人的批评，实际上可以视作对你的肯定！

13.3　小结

要让每个参与项目人员在工作中都能发挥最大能力是项目经理工作职责的一部分。在培养与指导的过程中，与比你资历浅或经验少的人分享你的领导能力技巧，对你的项目至关重要，对你所在机构也有好处(因为你帮助的人也可能会参与其他的项目)。你影响他人提升能力的关键是你同事对你的尊重以及你给予指导的方式。巧妙的指导方法被证明更为有效，因为它没有胁迫性，并在传递信息的知识内容中剥离了防范性情绪因素。

13.4　本章习题

13.4.1　讨论

1. 小幽默的运用对许多情况都有帮助。在进行指导的情景下使用幽默是否会有什么不良后果?

2. 你的职权在指导中起什么作用?你的影响力在指导中起什么作用?

3. 你能否委托你团队的另一个成员进行指导(如首席软件工程师)?若你想这么做,你会有哪些考虑因素?

13.4.2 书面作业

1. 给出一些你自身接受指导的例子。你认为使培训有效或无效的因素是什么?

2. 改写下列句子,使其成为在指导过程中更有效的表述:

当培训你的团队成员时,直来直往是最好的方式——毕竟我们都是成年人,当出现错误时都希望被纠正。

这很简单;现在请详细说明你为什么如此改写!

第14章　接管正在进行中的项目

前几章我们已经花大量时间讨论如何计划项目，如何让项目顺利开始，如何合理配备人员，如何构建对项目（以及项目经理）成功至关重要的关系。

理论上这都是很美好的，但是这经常是奢望。大型项目可能需要几年的时间，在此期间最初的项目经理可能会有变动，如他可能升职，可能退休，可能离开这个公司，可能因项目进展不顺而被撤掉。

当这些情况发生，就有必要安排一名接替的项目经理。而你也可能就是即将接任的项目经理。此时所有团队成员的选择、所有的资金计划和所有的客户关系都已安排妥当，但是都以前任项目经理为中心。你被团队接受为新领导的挑战大小取决于在他或她（前任项目经理）离开时的环境，以及团队对他或她的尊重程度。理想情况下团队在这一问题会做出选择，但大多数时候事实并不如此。

你可能认识团队的一些人，若你和他们关系好，这会有助于你将来开展工作。（这是证明你需要让朋友比敌人多的另一个例子！）你可能从先前的工作或相关项目中认识一些客户，但也可能一个都不认识。

14.1　融入团队并成为其领导

这是你展现谦卑品质的好时机！项目成员会比你更加了解项目。视具体情况，前任项目经理可以对你提供“培训”。如果你和他或她有几周的交接时间，这会对你很有用。那样的话，前任项目经理会把你介绍给团队的其他人，给你介绍他（她）的看法以及他（她）对项目成功是如何规划的。你必须要学习项目文件（进度表、合同、工作分解结构、财务分析等），但更有效的方式是直接与项目其他领导——职业经理、项目工程师等进行交谈，交谈对象取决于你所在公司的组织架构。许多公司里由项目经理负责的任务都需要和项目的副经理们共同承担。你可能会让这些任务按原计划进行，比如在一个生产项目中，可能有一个运营项目经理来掌握具体生产进度并更新进度表。如果你的专业背景是从事设计项目，那就确实需要有人来替你做这些事情。而如果你原本就擅长这一领域，那你在这方面就无需太多帮助，但这时你的财务分析师就要多多帮忙。

“以你的方式工作”的关键在于体现诚恳与谦卑的态度并直接求助。保证对先前差的习惯进行改变,并且确保这些改变是积极的。例如,如果一些会议不让那些可能对研讨发表意见或受益于研讨的人员参加,那么你应该和他们交谈并征询他们是否想参与会议。如果你把想参与的人囊括进来,那么这就是很好的改变。

当然也可能会有人对改变有所抗拒,你的新想法可能不被人拥护,此时沟通就是关键。如果你想要改变,就要解释为什么并征询反对意见。在做重大决定时听取团队意见至关重要。领导能力的自负之一就是做出单方面决定,然后只是通知团队成员你为何做出该决定。解释原因固然是好的做法,但更好的还是征求团队的意见,看看他们是否赞同该想法,或是是否有更好的改进方法。好的领导需要把团队认为是浪费时间或无效的改变讲清楚。找出人们不喜欢改变的原因以及哪些人不喜欢。重要决定需要团队的参与。当你确立自己为新领导,你考虑团队成员想法的意愿会使你迅速被接纳。

若项目进展顺利,你的新团队可能希望让你继续维持现状。若进展不顺利,他们(以及你的上级经理)可能希望你做出改变来扭转这种局面。你要迅速发现你的团队和你的经理内心的想法!

14.2 保持项目成员的稳定性

人们经常犯这样一个错,就是将领导人员替换为他们喜欢和尊重的人。表面上看这很合理。你为何要将项目的重要职责委托于你不了解的人?罗伊是你上次工作中的运营项目经理,你俩合作得很愉快。黛比是当前工作的运营项目经理,她看起来比罗伊更没有章法。如果能用罗伊,我希望再次与他合作。

有三个不做人员变动的理由:

(1) 黛比了解该项目而你不了解。

(2) 你不了解黛比——你应该给她一个机会。

(3) 以罗伊取代黛比的人事变动看起来像任人唯亲——实际上很可能就是。

黛比是团队成员,一时冲动将其换掉可能会让她感到沮丧,同时还会让与她一起工作的同事沮丧。她的同事可能会感到威胁:“哼,他们把黛比给换掉了,可能新来的项目经理会有一批人要换!”当做出你想做的某些变动时,请向一个医生那样思考:首先,不要造成伤害。

尽管在项目中建立关系、了解项目、了解客户、保持项目的势头非常重要且没有先后顺序,但是建立关系对其他方面都会有积极的附带影响。坐下来和财务分析师谈谈现在的项目,问一问资金花费情况,你需要担心或特别注意哪些方面以确保不会超出预算。让电气工程师职能经理告诉你项目中电气工程的情况和他们的优势,并单独和电气工程师们交谈。要记住他们比你更了解项目,每一次与他们的谈话不仅能增进双方的了解、改善关系,还可以使你获得项目更多的一手信息。

14.3　更新完工估算

你正式接手新项目的一步是编制新的完工估算(EAC)。项目肯定会有当前的完工估算,但可能不是最新的。通常项目会要求周期性更新完工估算;一般每 6 个月或每年一更新。即使你没有按计划更新完工估算,但却是你要求项目中的各预算中心或职能经理完成新的估算的最佳时机。让团队成员先停下手头工作来检查项目剩余部分的计划可能会导致进度稍稍延迟,但实际上利用一次短的暂停检查项目的整体进展,这对每个人都是有好处的。

当然,要求提供新的完工估算有点像玩火。职能经理可能会趁机要求拨款,他们很可能会找出很多理由说明最初的估算是正确的,但现在新的情况需要增加工时才能完成工作。引用 20 年前我的一位上级领导的话说,"新的完工估算? 这简直是合法的偷盗!"

在此还有一个对谈判技巧进行实践的机会。所有的估算设定都应具有挑战性。如果团队成员觉得若完不成目标会受到惩罚,他们可能不会在具有挑战性的合同上签字。你可能更希望是有人估算 100 小时最后实际用 105 小时完成,而不是估算 120 小时(保险估计)最后实际用 115 小时完成! 目标的设定要有挑战性,但也要有可完成性,应该为大家所接受而不是畏惧。

你的新完工估算将是你与上级管理层之间的一份有效协议。这是你的完工估算,你要支持它。它需要具有挑战性,但不应太难实现。明智的做法是,告诉你的上级经理你的完工估算很有挑战性,因为那样即使你确实超出目标进度些许时间,也会被看做是在困难目标下的不错表现。

14.4　小结

接手进行中项目的项目经理会面对一系列在从项目开始就担任经理情况下所没出现过的问题。接管项目以及团队并使他们为你所用,关键在于沟通和关系的建立。保持成功的人员配置和项目计划,可以避免你可能出现的错误,减少人员变动对团队的影响。与团队建立融洽而非支配性的关系,他们就会与你合作并教给你知识,帮助你的项目走向成功。

14.5　本章习题

14.5.1　讨论

1. 你刚刚被委派接管一个比较棘手的项目。正因为该项目存在重大问题,先前的项目经理被调到库房去数纸夹了。讨论你在刚担任项目经理时需要做的事情?

2. 你接管的项目看起来运转正常,但你不确定剩余的资金与剩余的工作量是否匹配。说明你会如何使用挣值管理以及与项目成员的讨论来识别项目是否存在问题?

14.5.2 书面作业

1. 在“讨论”部分第 1 个问题提到的项目中,你通过先前的工作认识该项目的首席机械工程师。你不认为她是个好领导,你是否应该尽快替换掉她? 在采取行动前需要考虑哪些个人或团队变化?

2. 针对“讨论”的第 1 个问题,你认为项目成员的团队精神是什么? 众所周知,情绪不高的员工的效率远低于自信、快乐的员工,这是你必须要解决的问题,那么你将如何解决呢?

总　结

撰写本书的目的是给高新技术领域的项目管理提供一些实用的见解与方法，试图形成一套完整的管理理论和实战经验，为项目经理和未来可能从事项目经理职业的个人提供有效的参考意见。作为年轻的工程师，我曾经认为项目管理完全是一个多余的职位，项目的具体细节都是由工程师完成的。但当我开始从事项目管理之后，我才真正意识到一个项目经理需要面临和承担的各种挑战，并逐渐开始喜欢上项目管理这个职业。

本章将对每个章节的重要内容进行总结，为读者查找相关内容提供便利。

第1章　国防与高新技术领域的项目管理

作为一个职业，项目管理并不适合于所有人。项目经理必须具备管理和领导能力，并对其拥有无限的兴趣。此外，项目经理还必须具备数据处理与分析的能力，并具备较强的行动能力，可确保其负责项目的完成效率、进度和质量。以上这些要求是项目管理的内涵，也是一个项目经理能否做好项目管理的前提条件。

项目经理必须在项目团队、上层管理人员、客户、合作者以及IT人员面前具备一定的影响力。项目团队成员的能力和工作态度存在一定的差异，并且某些成员可能同时参与了其他项目，因此项目经理必须了解各个因素，合理利用项目成员的优势，为项目组制定合理的工作方案。

项目经理必须确定自己在团队中的领导地位。作为团队领导，正直、高智商、自信、同情心、协作能力、说服力以及谦逊等是一个项目经理必须具备的人格特征。

一个人的技能可以通过后天的培养获得，但一个人的天赋是先天的。一个成功的项目经理必须具备一定的技能，并了解自己在某些方面的天赋和缺陷，以其诚实和谦恭的态度，为项目的开展组成一支优秀的项目团队。

项目类型多种多样，主要包括研究、设计和生产三种类型。项目合同也有多种类型，包括时间和材料、成本加以及固定价格合同。签订合同之前，项目经理必须评估项目风险和挑战，并以此为基础制定项目进度与安排。

项目经理就像是交响乐团的指挥，其领导和技术能力决定着项目的完成情况。此外，就像交响乐指挥需要跟音乐家合作一样，项目经理也需要与项目团队成员以及其他相关部门建立良好的合作关系,才能确保项目取得成功。

总之,一个项目能否取得成功直接取决于项目经理能否了解团队成员的优缺点,并加以合理利用。此外,项目经理的领导能力也是一个关键因素,能否与项目有关的各方有效合作对项目的成功至关重要。

第2章 掌握诀窍:领会企业文化、客户以及项目能力

项目经理必须意识到其参与的项目能否取得成功与其所在的公司、客户和项目团队三大因素息息相关。

公司环境将对项目团队的行为产生影响。以处罚为导向的企业文化将降低团队的交流和沟通能力,使项目经理无法获得团队成员的重要信息。但如果项目经理能意识到交流的重要性,可以创造一个属于项目团队的良好环境,让项目成员可以尽情沟通与交流。此外,公司项目管理流程以及企业员工的角色与责任也将对项目的实施产生重要的影响。项目经理必须合理利用公司优势资源,并将不利影响最小化。

客户信息也是影响项目管理与进展的一个重要因素。在合同管理的过程中,由客户承担三方面的责任:成本、进度和质量。项目的成功对客户和项目经理将产生同样的利益,但若是进展不顺利,双方都将受到影响,并需要共同寻找解决方案。能否与客户建立互信、和谐的关系,对于项目进展至关重要。

项目团队是项目的动力,而项目经理对团队的领导能力又是项目取得成功的关键。信任、自信和谦逊等人格特征可帮助大大提高团队的力量。一般来说,在项目团队中建立主人翁意识相比项目设计更重要。一个合格的项目经理必须具备让团队成员消除自卑、自负心理,有效发挥各自优势的能力。

一个合格的项目经理必须对企业文化、客户信息以及项目团队等因素了如指掌。如果某些条件无法满足项目需求,项目经理可以建立一个小范围的更适合项目开展的良好环境,以便能更好地利用各方面的优势资源。

第3章 辨识机遇

在公司决定其业务发展方向时,相关领域的项目经理应该是该领域的专家,对相关风险和机会进行评估与识别。这些机会可能具有战略意义,能衍生出其他相关的业务;也可能具有战术意义,能提升当前的设计或生产能力。

项目经理应凭借其知识和经验帮助公司进行以下几方面的评估:

(1) 机会的真实性。

(2) 金融和名誉风险。

(3) 效益,是否该机会值得投入相应的资源?

(4) 竞争力,是否存在强劲的竞争对手,或是否存在内定的竞争对手?

一个合格的项目经理能够权衡相关机会及其成功率,因此其具备的知识和见识对于公司能否获得合适的项目机会具有很重要的意义。公司的发展依靠项目的成功,而项目能否取得成功与项目经理的能力息息相关。

第4章　标书准备阶段工作

在客户发布征询方案之前,由项目经理完成前期准备工作,包括需投入的时间和成本。如果项目具备战略意义,公司可能提供必要的技术支持,以增加获得项目合同的概率。为了获得重要项目机会,必须深入了解项目以及竞争对手的情况。当然,这种了解必须通过正规渠道,合乎道德要求。从某些案例来看,方案征询之前的项目投资是没有必要的,也是不明智的。同时,此举也存在一定的风险,如果竞价太低,项目成本高昂,项目利益将大大降低;竞价太高,则可能失去客户的尊重。

但是,对于项目来说,方案征询之前的前期准备工作还是极其重要的。了解项目的风险,并以此为基础为上级决策者提供相关信息,可对公司产生战略性的影响。此外,进一步了解客户需求、技术优势以及公司的运作能力,项目经理就可帮助公司获得合适的项目机会。

第5章　“典型项目”的投标阶段

项目标书编制流程具备一些共同的特征,其制定工作须在客户发布“招标需求”前就开始准备。该阶段可通过一定的渠道了解客户和项目信息。可以通过正规、合法的渠道了解并评估客户的需求以及竞争对手的优势和劣势。本阶段将公布竞标名单,并将对获胜概率、项目需求、履行合同应承担的风险、战略意义、资源获取、利益等级等方面进行评估,因此在本阶段所付出的努力都是值得的。通常情况下,项目经理也应配合投标经理完成标书提议工作,明确项目可为公司产生的利益,推动项目部获得该项目机会。

一旦获得竞标机会,投标经理必须制定竞标方案,其成功与否是赢得项目合同的关键。而在制定竞标方案的过程中,必须更多地考虑客户的需求。

在标书的制定和评审过程中,将采用“制胜价格”(PTW)这一概念工具,但PTW不是特别准确,须谨慎使用。

根据标书性质,项目经理可以对标书提出异议或说明,给出自己的报价,避免一些不必要的成本开支。当然,如果跟客户提及无法满足某一需求时,存在失去潜在客户的风险。因此,必须提前做好功课,了解客户的真正需求。

确保标书编制团队思想的一致性,将客户需求体现在各项内容中。此外,一定要确保各个项目的时间节点。在标书编制过程中,可以采取“故事展板”的方法将标书内容进行衔接。另外,可以间接指出本公司在领域内的资质和优势,这也是一个重要的标书编制策略。

给出一个有竞争力的项目价格也是极其重要的。价格的制定基于对公司各个生产部门的能力评估之上,必须确保价格的真实性和可操作性。此外,项目经理能否提出更具竞争力的价格,还取决于公司是否足够支持该项目的发展。

完成标书内容和价格的制定之后,为确保标书具备一定的优势,一般都要对其进行几轮评审,由评审专家提出修改意见。因此,在制定进度安排的过程中,必须为评审工作安排足够的时间,以确保标书质量。在经过多部门的编辑和校对之后,还将进行最终的通篇检查。

对于不存在竞争对手的项目合同,获得项目机会就会容易很多。但是,因为缺乏竞争,客户很可能会对申请单位的评估价格进行详细审查。

标书提交之后,如果竞标成功,需由双方敲定最终的合同内容和价格。而如果标书竞标失败,对于公司来说仍然可以从中获取更多的经验,了解标书评审的方式,也可以更好地了解客户需求,以便在下一次的竞标中使自己的标书更具优势。

第 6 章　项目的规划和启动

对于项目经理来说,成功获得项目之后,将正式启动项目相关工作,包括项目管理(进度安排、项目预算等)和项目领导(团队组建等)。项目管理基本上依照公司的管理办法和流程进行,但项目领导全凭项目经理的领导能力。尽管依照标书明确了项目进度和预算,仍然需要项目经理具备一定的领导能力,才能更好地与团队成员沟通和协商。作为项目经理,可以将风险因素制成表格加以量化,为其预留一定的资金。

首先,项目经理需组建项目团队。在大部分公司里,本项工作并不只是项目经理或者职能经理的职责。项目经理必须与职能经理以及公司团队共同商量,组建最符合项目需求的有效的项目团队。一定的团队文化可有效调动团队成员的积极性,控制超时成本,并可有效地将公司规章制度与团队成员的工作激情和个人资源整合起来。

本阶段,对于项目经理来说,最重要的事情莫过于为项目团队吸引一些有才能的、兢兢业业的人力资源。其次,给予团队成员一定的关爱和关心,努力让团队成员有效地合作也是必不可少的一项工作。

第 7 章　项目运行

在完成项目规划后，项目正式启动。项目经理要充分发挥其领导力，克服各种困难，保障项目的顺利进行。

在项目管理中，项目经理应视所有的项目成员为一个整体。随着工作环境的改变，一些适用于传统文化下的项目管理的方式也应进行一些适应性改进。在项目管理的过程中，应将领导力和管理融合在一起。一些管理方式，如进度跟踪、挣值法、项目评审等必须很好地融入一些领导技巧，以确保整个团队能在规定时间内完成相应的工作。挣值法只是一种方式，使用目的不在于控制团队成员。同时，该方法也存在一定的缺陷，需对其进行一些适应性改进，确保一些看似完美的指标影响团队成员的积极性。

此外，尤其要重视团队工作的质量，将质量放在项目工作的第一位。质量是获取客户满意度的根本，也是双方能够持续合作的推进器。项目经理必须让客户了解项目团队对高质量的要求和态度，使其对项目团队的工作持放心态度。

在项目运行过程中，客户也起着很重要的作用。项目经理应该提前了解客户的人格特征、项目需求等方面，并与其保持良好的关系，确保顺利度过项目运行的困难时期。

在项目进行的过程中，切记踏实、稳步推进，而一步登天的想法终将毁了整个项目。此外，项目经理应妥善处理项目进行过程中所遇到的技术难题，应选择合适的时机和处理方式，避免伤害工程师等技术人员的自尊心。

客户和项目团队的合作（包括评审和验收）将有益于项目进度的控制。所有项目团队成员主观上都不会有意拖延，因此，项目经理应利用这种心理驱动力，将其转换为工作动力，确保项目的按期完成。

成本控制是项目经理必须完成的另一项工作，包括管理和领导层面。管理方面包括相关成本数据的审查以及成本开支明细；而领导方面指成本控制工作如何开展。

项目经理的工作还体现在与上级管理部门建立良好的联系，使其在多个方面给予项目以及项目团队一定的支持。

项目运行过程中，项目经理的主要职责之一是要对各种可能的问题具备警觉能力。一旦发现问题，应尽快采取有效的办法进行解决，将其影响最小化。与其依赖于各种规章制度，还不如在项目过程中对团队采取有效的提醒制度。在项目过程中，只有相互信任和相互尊重，才能更好地发现问题，并解决问题，指引项目发展方向。如果任由问题出现并进一步发展，再进行补救已然来不及。项目管理中，有效的项目管理需要项目经理从个人的角度对项目组成员给予足够的关心。

和睦的关系和尊重是顺利度过项目中各种挑战的基础，包括正常性挑战和突然性的挑战（项目范围的改变、资金延期等）。项目中开展的所有工作都是为了项目的成功，只有客户对结果满意，公司和团队对整个项目满意，才能称之为项目的成功以及项目管理的成功。

第 8 章　索赔确认、管理和避免

项目过程中出错的可能性很大，也存在多种出错方式，其中绝大多数能得到及时的控制与解决，但也有一部分错误可能无法得到有效控制。其中，某些客户行为有可能无法由项目经理直接控制。因此，只有谨记双方存在共同的目标和利益，才能有效避免发生索赔。

发生正式索赔时，大部分时候双方都会持消极态度，因此，作为项目经理，主要的目标应该是避免发生正式索赔。与客户共同解决问题，并牢记各自的职责和义务，是避免索赔的最有效的方法。在整个过程中，项目经理应该尽其能力保护公司利益。帮助双方避免出现问题，并做好解决问题的准备，最好的办法是每月准备一份进度报告，尽管该报告不具备威胁力，也不属于正式文件，但其可以将项目进展记录在案，可在必要时作为参考依据。例如，月度报告可以用于待完成事项的提醒依据。

本阶段的工作重点是降低问题出现的概率，弱化问题产生的影响，因此必须做好应对各种可能状况的准备。项目经理应与公司合同管理部门建立持续的联系，获得合同管理部门的配合与支持。

除此之外，还须牢记一点，索赔可能发生在客户与合同方之间，也可能发生在合同方与分包商之间。如果有分包商参与项目合同，项目经理必须确保分包商获得平等的待遇，与其建立良好的合作关系。对于项目合同方来说，与分包商发生合同纠纷将对项目经理以及整个项目团队产生严重的负面影响。因此，用于与客户建立并保持良好合作关系的策略也可用于处理与分包商之间的关系。

在与客户、承包商以及项目团队的合作中，应始终坚持团队理念，并将其贯穿于项目工作的始终。

第 9 章　领导模式

有效的领导体现在项目经理谦逊的态度和对自己能力以及知识缺陷方面的认识，能否让项目顺利进行在于项目经理的领导能力而不是其所拥有的权利。

如果项目成员持积极的工作态度，那么项目经理很容易领导整个项目团队，只需要将团队意识放在第一位，激发成员对成功的欲望。而如果项目经理傲慢自大，将激起成员的反抗意识，致使项目领导变得极其困难。此外，项目经理应充分发挥团队成员的自主意识，重视其作出的各项决定，使项目进展更加顺利。

项目经理能否成为高效的领导者，在于其是否正直，对团队成员是否和善，是否更多地倾听团队的声音而非只重视自己的命令，是否更多地给予团队支持而非贬低成员的能力。

第 10 章　沟通交流

有效的项目管理在于有效的沟通与交流。项目经理无法独自及时发现所有的问题，因此随时沟通显得尤为重要。

最有利于项目进展的方式在于团队成员能主动发挥自身优势，为项目的利益贡献自己的一份力量。而要做到这一点，项目经理应敞开心扉，以客观的态度接纳一切和项目有关的信息，并对信息提供者给予一定的鼓励。

项目经理应及时发现并妥善处理项目成员之间的沟通问题，给项目团队创造一个舒适的工作环境。在解决问题的过程中也可能遇到一些障碍，需要项目经理识别问题的性质，并采取合适的办法予以妥善解决，可直接干预，或者对任务和参与者进行重新分配。由项目成员自己选择新的合作者是最理想的解决办法，但也应根据需求进行一些适应性的调整。

除了项目团队内部的沟通之外，项目经理还须重视与其他如运输和安保等部门之间的有效沟通，这些部门中如果有成员或某些职能部门对项目和项目团队存在敌意，将对项目经理及其负责的项目产生不利影响。

与客户之间的沟通主要由项目经理完成，其重要性不言而喻。与客户之间的良好沟通是双方合作的基础，而合作精神将帮助项目顺利度过困难阶段。

所有的有效沟通都建立在相互理解的基础之上，而相互理解的前提在于倾听。只有主动倾听，才能获得项目进展的相关信息，并可强化成员的主人翁意识。

第 11 章　挣值管理

在项目管理中，挣值管理常用于分析项目进度和成本，是衡量项目完成情况的最有效的工具。目前，挣值法多用于一些常见的、可严格按照进度安排执行的项目中，如生产项目。此外，挣值管理也适用于设计项目，但在应用过程中需要明确项目所要完成的工作和所需要的时间。

在设计项目或者一些事项不是特别明确的项目中切忌过分依赖挣值管理，因为存在遗漏问题的风险，建议通过与项目负责人之间的沟通使挣值管理获得应有的支持。挣值法的参数都是以进度为衡量基础,项目团队的工作进度应满足挣值管理的需求,确保成本和资源规划的有序进行。

第12章　谈判

作为项目经理,应重视与客户以及项目团队成员之间的合作与协商,双方在项目工作中能否就重要事项成功协商对项目来说是至关重要的。在协商过程中,项目经理如果能放低姿态,并从一开始就坚持双赢的理念,那么成功协商的概率就会大很多。协商过程中,如果项目经理积极主动,了解客户的需求,并理解客户所面临的压力,那么协商的结果将对双方都有利!

尽管双赢是一个项目经理所追寻的目标,但也应做好充分的准备以应对某些重视单方利益的客户或合作者。理想状态下,项目经理可努力将对方的想法加以转换,使之满足双方的利益。在协商中,项目经理应努力使其立场公平公正、合情合理,并对对方的观点持尊重态度,才能为己方争取应有的利益。理解是成功协商的重要因素,因此,倾听尤为重要,通过倾听对方的声音,可以了解对方的需求,明晰项目事项,从而使协商结果令双方满意。

以上这些理念同样适用于与工程师、职能经理等之间的内部协商。优秀的谈判代表了解己方和对方的需求,并能妥善利用双方的优势资源,满足双方的利益需求,最终取得双赢的结果。

第13章　培养与指导

给项目组成员进行相关培养与指导是一个项目经理应尽的责任,其目的是充分发挥项目组成员的优势,确保项目的成功。

每个人都需要获得帮助,在别人的帮助下,每一个人都有可能获得进步。项目经理应努力为项目组创造一个随时可以获得帮助的工作环境。首先,应确保接受指导的人员是自愿接受指导的;其次,确保培养与指导方的资质,使其可以为被培养方提供有价值的建议。对于项目团队成员所具备的一些优点,项目经理应努力让其了解这些优点对于项目团队的重要性,也可以让其成为其他成员学习的对象。

此外,项目经理也应时刻准备接受指导,应经常与团队成员进行沟通,以此来了解项目团队对自己的期望,以便于更好地了解自己的缺陷,提升自己的领导能力。

第 14 章 接管正在进行中的项目

通常情况下，项目将按照进度安排稳步推进，包括制定项目标书、项目成功竞标、项目协商、项目规划、项目启动以及项目完成等方面。但有些时候，项目进行过程中也会因某些原因而出现一些变化。因此，项目经理也可能需要接管一些正在进行当中的项目。

作为项目经理，首先应对数据和项目进展情况进行评估，或者与项目团队成员进行沟通，以此获得更加真实的项目情况，并与团队成员构建良好的合作关系，为项目成功奠定基础。作为项目经理，应将团队利益放在首位，让其了解新的项目经理将倾注自己的努力为项目服务的工作态度，给予团队成员一个良好的印象，为接下来的工作打下坚实的基础。

当项目遇到问题时，项目工作方向、岗位以及成员构成等方面将需要进行一定的调整。这些工作需要谨慎对待，并在项目团队成员的共同合作和努力下完成，给予团队成员足够的安全感和尊重。岗位变更之后，项目成员对此也可能会存在一定的适应问题，因此如何让其适应新领导的管理显得极其重要。

作为项目经理，首要任务就是与团队成员合作，尽量让项目工作保持一定的连续性，为项目中所遇到的问题提供一定的解决方案。对待项目团队成员，项目经理应给予其一定的尊重和关心，让其尽快接受领导层变更的事实。

结语

项目管理的重要性不言而喻，而且能给参与者带来一定的成就感。对于项目经理或其他参与项目管理的人员来说，职业满足感来自于项目的成功、客户的满意度、给公司和项目团队带来的利益以及为整个项目团队积攒的项目经验。